青少年营地教育
户外生存标准手册

大鹏 著

化学工业出版社
·北京·

本书是青少年营地教育的必备手册。书中以清晰的图解说明，详细介绍了户外急救、工具制造、寻找食物和饮用水、搭建避身场所、辨别方向、发出求救信号等各种实用技能。这些技能在人迹罕至的偏远地区可能会挽救生命。阅读本书可以使读者学会如何在户外艰苦的环境下，利用自然条件获得人类最基本的生存资料；如何最大限度地回避风险；在遭遇困境时，怎样自救和救助他人，成为户外活动中的强者。

本书可作为青少年营地教育的指导用书，也可作为各级学校户外生存课程的参考书，或作为石油、气象、水利、生物、考古、旅游、摄影、登山、探险等一切从事户外工作人员的参考读物；对户外运动俱乐部、野外实习等户外活动的组织、策划也有较大的参考价值。

图书在版编目（CIP）数据

青少年营地教育户外生存标准手册 / 大鹏著. — 北京：化学工业出版社，2019.3（2025.3重印）
ISBN 978-7-122-33879-2

Ⅰ.①青… Ⅱ.①大… Ⅲ.①青少年-课外活动-手册 Ⅳ.①G632.428

中国版本图书馆CIP数据核字(2019)第025617号

责任编辑：徐　娟　　　　　　　　　　　封面设计：尹琳琳
责任校对：宋　夏

出版发行：化学工业出版社（北京市东城区青年湖南街13号　邮政编码100011）
印　　装：北京建宏印刷有限公司
880 mm×1230 mm　1/32　印张 9$\frac{1}{4}$　字数 300 千字　2025 年 3 月北京第 1 版第 5 次印刷

购书咨询：010-64518888　　　　　售后服务：010-64518899
网　　址：http://www.cip.com.cn
凡购买本书，如有缺损质量问题，本社销售中心负责调换。

定　　价：68.00元　　　　　　　　　　　版权所有　违者必究

前言 | Preface

户外生存是人类在自然环境中，最大限度地维持生命力的一系列活动和行为，它的起源可以追溯到最远古的人类那里，当时的猿人没有衣服穿，没有固定的住所，吃的东西也时有时无。为了生存，他们必须强化自己，用双手去制造工具，然后找食物、建住所，缝制可以御寒和蔽体的衣物。在这一过程中，人类最早的智慧开始产生，他们渐渐发现并使用起神奇的火，还学着制造更加锋利的工具，并开始依靠群体的力量去对抗自然界中的其他动物和意外风险。这时候，分工、合作与传承就出现了，代际演化，最终成为人类今天的文明。

可以说，户外生存技能是刻入我们人类基因的必然文化因子。但在物质文明异常丰富的今天，这一技能好像变得无用、多余，而且荒废已久，因为在钢筋水泥丛林里生活的现代人，完全不用考虑户外生存的事情，他们只需要考出好成绩、做好工作即可。人类起源至今，终于走向了科技的前端，但也同时站到了自然的对立面，人与自然，甚至人与自身，开始出现越来越多的问题——环境污染、水资源匮乏、土地沙漠化，空虚、烦躁、抑郁，各种外界与内在的困惑促使人去寻找解答。

近些年来有越来越多的人开始走出家门、融入自然，在克服重重自然险境的过程中强健其体魄、净化其灵魂，学习与自然和自己相处，重新焕发户外生存技能的光彩。更多的有志之士，将户外生存技能与青少年培养结合起来，在现代教育中开辟出一块"自然"之地，专门用来进行青少年营地教育，也就是对青少年进行更多的生存性实践教育，让他们在玩中学，在玩中认识自己。

青少年营地教育已经成为世界范围内培养全能型人才的必要教育过程，它以素质教育和实践能力培养为核心，在西方国家已经发展多年，已然成了家庭教育和学校教育的有效补充。青少年在集体中体验生活，可以明确人才是必要的连接，而不是电子产品和网络，还可以使他们拥有独立生存能力、户外生存技能和团结协作能力，更好地帮助青少年突破舒适圈，培养良好的品格。

目前，我国陆续开展了不少类型的青少年营地教育，徒步、登山、划船、游泳等项目应有尽有，但要么不够全面，要么有"实操"而无"理论"。为开办好营地教育这一户外生存事业，更好地培养下一代，笔者在与众多户外运动爱好者学习沟通之后，编写了这本图文并茂、全面翔实的《青少年营地教育户外生存标准手册》。

本书从基础野外生存和对青少年营地教育的侧重点出发，用七章内容向青少年及其家长介绍了在户外野营时会面临的问题，以及遭遇险情时该如何处理，具体包括营地建设、营地教育生存技能、获取食物和饮水、绳索的制作和应用、户外营地生存、应急装备和应急处理等。在户外建造营地、生存时会遇到的各种问题都能从本书中找到方法和答案。例如，哪些水能喝？什么东西不能吃？基本方向怎么辨别？在漆黑的夜晚既不能受严寒之苦又不能被野兽袭击该怎么办？在户外受伤时如何运用技巧和智慧进行自救？等等。

青少年营地教育在我国大有可为，需要更多的人去实践和探索；但也正因为它还处在发展变化之中，所以本书内容可能会在不断接受检验的过程中被发现有偏颇之处，希望各位专业人士和读者能够不吝赐教，及时指正。

在本书编写过程中，一些年轻的户外运动爱好者提供了热情帮助，他们具有丰富的户外生存经验。这些户外运动爱好者包括王强、李倩、赵习伟、曾英新、肖茜茜、曲晓倩、张宁、贾娜、田旺、梁雪连、魏雨婷、张彦彦、李密、温喆、郎晓凯等。

由于时间和水平有限，本书中难免存在不妥之处，敬请读者批评指正。

著者
2019年1月

目录 | Contents

第一章　营地建设 ... 001

第一节　营地选择 ... 002
001 选择营地的原则 ... 002
002 天然营地选择 ... 004
003 凹坑营地选择 ... 006
004 利用折断的树木 ... 007

第二节　营地搭建 ... 008
005 木制单坡营地建设 ... 008
006 沙漠营地 ... 009
007 沙漠地下营地 ... 010
008 湿地营地 ... 011
009 雪地营地 ... 012
010 雪地树坑营地 ... 013

第三节　营地帐篷 ... 014
011 帐篷的分类和款式 ... 014
012 选择帐篷的要点 ... 016

第四节　帐篷搭建 ... 018
013 雨披帐篷 ... 018
014 圆锥形帐篷 ... 020

015 A形支架帐篷····································022

第二章　营地教育生存技能······················025

第一节　户外辨别方向································026
016 利用手表辨别方向································026
017 利用影子辨别方向································028
018 利用星星辨别方向································029
019 利用南十字星辨别方向（南半球）············030
020 利用树木辨别方向································031
021 利用地物来判断方位······························032
022 自制指南针··033

第二节　户外取火····································034
023 准备可燃材料······································034
024 凸透镜取火··035
025 打火石取火··036
026 电池生火···037
027 钻木取火···039
028 生火与灭火··041
029 户外用火的注意事项······························042

第三节　信号求救····································044
030 烟火信号···044
031 地面标志求救······································045
032 反光信号求救······································047
033 旗语信号···048
034 留下信息···048

第四节　渡水技巧

035 渡过河流 ··· 051
036 渡过急流 ··· 052
037 制作雨披筏 ··· 054
038 利用漂浮装置渡河 ··· 055

第三章　获取食物和饮水 ··· 057

第一节　获取饮用水 ··· 058

039 迷你净水器 ··· 058
040 净水药片 ··· 059
041 自然渗透法 ··· 061
042 简易过滤器 ··· 061
043 竹子中的饮用水 ··· 062
044 从树干中取水 ··· 063
045 塑料蒸发袋 ··· 064
046 地下蒸馏器 ··· 065

第二节　获取食物 ··· 067

047 可食用的昆虫 ··· 067
048 可食用的甲壳类动物 ··· 070
049 可食用的软体动物 ··· 071
050 可食用的爬行动物 ··· 072
051 可食用的鱼类 ··· 074
052 野外可食用的植物 ··· 075
053 不可食用的菌类 ··· 080
054 不可食用的植物 ··· 084

055 鉴别植物是否可以食用的方法 ………… 086

第三节　野外捕鱼 ………… 089

056 制作鱼钩 ………… 089

057 制作鱼线 ………… 090

058 选择钓鱼地点 ………… 091

059 鱼叉捕鱼 ………… 092

060 鱼的烹饪和储藏 ………… 094

第四节　捕捉小型动物 ………… 095

061 简单的绳套陷阱 ………… 095

062 弹性绳套陷阱 ………… 097

063 弹性绳套陷阱的多种改型 ………… 098

064 落石陷阱 ………… 103

065 派尤特（Paiute）陷阱 ………… 105

066 制作一张弓 ………… 106

067 制作箭 ………… 107

第四章　绳索的制作和应用 ………… 109

第一节　绳索的应用技巧 ………… 110

068 行李打包 ………… 110

069 绳索末端打结固定 ………… 111

070 绳索中部打结固定 ………… 112

071 爬下悬崖的结绳法 ………… 113

第二节　绳索的制作 ………… 114

072 制作绳索的材料 ………… 114

073 手搓绳索 ………… 116

074 编草绳 ………………………………… 117

第三节 户外结绳方法 ……………… 118

075 单结 …………………………………… 118

076 多重单结 ……………………………… 118

077 活索 …………………………………… 119

078 双重单结 ……………………………… 119

079 连续单结 ……………………………… 120

080 渔人结 ………………………………… 120

081 8字结 ………………………………… 121

082 滑8字结 ……………………………… 122

083 连续8字结 …………………………… 122

084 双重8字结 …………………………… 123

085 接绳结 ………………………………… 124

086 滑接绳结 ……………………………… 126

087 多重接绳结 …………………………… 126

088 平结 …………………………………… 127

089 拉结 …………………………………… 128

090 蝴蝶结 ………………………………… 128

091 外科结 ………………………………… 129

092 双半结 ………………………………… 130

093 樵夫结 ………………………………… 130

094 连钩结 ………………………………… 132

095 双套结 ………………………………… 133

096 杠杆结 ………………………………… 135

097 苦力结 ………………………………… 135

098 中间结 136
099 缩短结 137
100 水结 138
101 称人结 139
102 单手完成称人结 140

103 调整称人结的绳圈大小 141
104 滑称人结 142
105 变形称人结 142
106 双环称人结 143

107 活称人结 144
108 双称人结 145
109 葡萄牙式称人结 146
110 西班牙式称人结 147

第五章　户外营地生存 149

第一节　沙漠营地生存 150

111 什么是沙漠 150
112 在沙漠中面临的主要危险 154
113 在沙漠中寻找饮用水 158
114 沙漠中的个人防护装备 160

115 沙漠中的补给物资 161
116 其他必要装备 162

第二节　丛林营地生存 163

117 丛林生存的指导原则 163

118 在丛林中寻找水源 166

119 寻找或者自制避难所 ·················· 168
120 找到安全的食物 ······················ 169
121 丛林生存的其他注意事项 ·············· 171

第三节 雪地营地生存 ················ 175

122 暴风雪中生存的指导原则 ·············· 175

123 在室外遭遇暴风雪 ···················· 176
124 被暴风雪困在室内 ···················· 179
125 暴风雪来临前做准备 ·················· 180
126 雪崩中生存的指导原则 ················ 181
127 携带救生设备可增加获救概率 ·········· 183

第六章 应急装备 ························ 185

第一节 急救包 ························ 186

128 选择户外急救包 ······················ 186
129 急救包的配备原则 ···················· 187
130 急救包的配置清单 ···················· 188
131 急救包的注意事项 ···················· 190

第二节 应急装备 ······················ 191

132 生火工具 ···························· 191
133 望远镜 ······························ 192
134 户外生存手表 ························ 193
135 水壶 ································ 193
136 对讲机 ······························ 194

137 伞绳 ································ 195
138 求生哨 ······························ 196

- 139 指南针 ... 197
- 140 手电筒及荧光棒 ... 197
- 141 备用食品 ... 198

第三节　求生刀 ... 199

- 142 求生刀的重要作用 ... 199
- 143 如何选择求生刀 ... 200

第四节　背包 ... 203

- 144 背包的种类和用途 ... 203
- 145 如何装包 ... 206
- 146 调整装包 ... 207

第五节　睡袋 ... 208

- 147 睡袋的种类 ... 208
- 148 睡袋使用与保养 ... 211

第六节　炊具和炉具 ... 212

- 149 燃料 ... 212
- 150 炉子的种类 ... 213
- 151 炊具 ... 215

第七章　应急处理 ... 217

第一节　食物中毒 ... 218

- 152 食物中毒的分类 ... 218
- 153 食物中毒的现场急救 ... 220

第二节　中暑 ... 221

- 154 中暑的诊断及分级 ... 221
- 155 中暑的现场急救 ... 223

156 预防中暑 …………………………… 224
157 防暑药物 …………………………… 224
第三节　溺水 …………………………… 225
158 不会游泳的人溺水自救 ……………… 225
159 水母漂 ………………………………… 227
160 会游泳者溺水自救 …………………… 228
161 岸上救助溺水者 ……………………… 229
162 水中施救 ……………………………… 231
163 挣脱自救 ……………………………… 232
164 上岸后的急救处理 …………………… 233

第四节　毒蛇咬伤 ………………………… 235
165 毒蛇的种类及中毒表现 ……………… 235
166 毒蛇咬伤的现场处理 ………………… 238
167 预防毒蛇咬伤 ………………………… 239

第五节　毒蜂蜇伤 ………………………… 240
168 常见蜂种 ……………………………… 240
169 被蜂蜇伤的表现 ……………………… 241
170 蜂蜇伤的处理方法 …………………… 242
171 遭遇蜂群袭击如何应对 ……………… 243

第六节　心肺复苏 ………………………… 244
172 早期实施心肺复苏的必要性 ………… 244
173 心肺复苏的两种技术 ………………… 245
174 人工呼吸 ……………………………… 246
175 心脏按压 ……………………………… 247
176 如何判断心脏停止跳动 ……………… 248

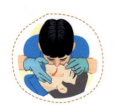

177　施救时的正确体位 249
178　胸外心脏按压 251
179　清除口腔异物 253
180　打开气道 254
181　实施人工呼吸 255
182　心肺复苏效果检查 257

第七节　外部创伤急救 258

183　伤口消毒 258
184　创伤出血的分类 260
185　指压止血法 262
186　止血带止血法 265
187　常用的包扎材料 267
188　创可贴包扎 268
189　绷带包扎 269

190　三角巾包扎头部 271
191　三角巾包扎眼睛 273
192　三角巾包扎四肢 274
193　骨折的固定材料 276
194　上臂骨折固定 277
195　前臂骨折固定 278

196　下肢骨折固定 279

参考文献 280

第一章　营地建设

- 第一节　营地选择
- 第二节　营地搭建
- 第三节　营地帐篷
- 第四节　帐篷搭建

第一节 营地选择

搭建避身场所是户外生存最基本的一项生存技能。避身场所可以提供保护，使人免受阳光曝晒和风吹雨淋，更为重要的是，避身场所可以让人躲避蚊虫和野兽的侵扰，在户外提升安全感。

在户外生存过程中，避身场所的选择和搭建最重要的就是因地制宜，充分利用大自然提供的各种材料去创造利于生存的环境。

001 选择营地的原则

1. 靠近水源

露营的理想地点是靠近水源的地方，如溪流、湖泊、河流附近，而且不远处就有充足可利用的林木。但也不能把帐篷搭建在与水源过分靠近的地方，尤其在雨季及山洪多发区，一旦下暴雨或上游水库放水、山洪暴发等，就有生命危险。另外，在深山密林中，靠近水源的地方可能会遇到野兽，要格外小心注意。

2. 背风

在户外露营应当考虑背风问题，尤其是在一些山谷、河滩上，应选择在一处背风的地方搭建帐篷。

风会迅速带走人体的热量，给人制造寒冷，甚至引发疾病。同时，大风可能会卷走帐篷，至少会搅得人员无法休息，点燃篝火就更困难了，做饭、取暖也难以保证，所以营地一定要避风。最好是在小山丘的背风处、林间或林边空地、山洞、山脊的侧面和岩石下面等。

3. 远离悬崖

如果想在悬崖下露营，由于条件的限制不能在崖下凹进去的地方找到合适的位置，就不要将帐篷扎在悬崖下面。一旦山上刮大风时，有可能将石头、树木等物吹落，造成危险。

4. 防止雷击

在雨季或多雷电区，营地绝不能扎在高地上、高树下或比较孤立的平地上。

5. 背阴

如果是一个需要居住两天以上的营地，在良好天气情况下应该选择一处背阴的地方扎营。如在大树下面及山的北面，最好是朝照太阳，而不是夕照太阳。这样，如果在白天休息，帐篷里就不会太热太闷。

6. 地势较高

如果有不同的海拔高度可以选择，那么理想的露营地点应该是可以防风防雨，山洪淹不到的高处。那里也不会受到落石和雪崩的威胁。

7. 方便排水

露营地点的排水情况也十分重要，尤其是在可能有倾盆大雨来临时更是如此。选择的露营地不但应该避免低洼地带，而且完全平整的地面也应该避免。尤其是那种没有缝隙的被压得很结实的土地。因为这种地面将导致雨水无处可流而且不容易渗入地面。在旱季即将结束的时候，不

TIPS

不适宜搭建帐篷的地方

1. 有风的山顶。最好向山下移动，寻找背风的地方。

2. 谷底和深不可测的山洞。这些地方相当潮湿，即便白天天气很晴朗，但夜间可能会结霜。

3. 山腰平地。这种地方容易积聚潮气。

4. 通向水源的山口。如果是野兽饮水的必经之路，那就会有危险。

5. 有水灾危险的地方。河流冲刷区、水沟、洪泛区在下雨时会非常危险。即使降雨处离露营地点较远，处于其下游也很危险。

6. 大树下。即使看起来正常生长的树枝也有可能在毫无预兆的情况下掉落。

7. 悬崖底部。不要在悬崖或是陡峭的岩石斜坡搭建帐篷，尤其是周边堆满有新近破损的石头处。

要选择在干涸的鹅卵石河道上搭建帐篷，因为一场暴雨就可能让这些地方恢复成河流。在山区露营时，更应该找到洪水可能到达的最高水位线。

8. 防止野兽侵袭

搭建帐篷时，要仔细观察营地周围是否有野兽的足迹、粪便和巢穴，不要建在多蛇多鼠地带，以防伤人或损坏帐篷。在帐篷周围撒一些草木灰可有效地防止蛇、蝎以及其他毒虫的侵扰。

002 天然营地选择

如果身处某个陌生的地方，比如森林，突然天气骤变，狂风暴雨，天又渐渐黑了下来。假如真的不幸遇到这种糟糕的情况，首先要做的事情就是去找个可以遮风避雨的避身场所，比如山洞或者巨大岩壁下面。如果找到了这样的天然庇护所，就不必去收集搭建庇护所所需的材料了。更重要的是，在这样一个干燥的庇护所中，会大大降低因夜晚的低温而产生低温症（失温）的概率。

但是，在决定"入住"此类天然庇护所之前，首先要做如下检查。

（1）确保岩洞和岩壁足够牢固，不会坍塌或者有落石。

各种各样的石洞是理想的天然庇护所

第一章 营地建设

露宿时要在洞口生一堆篝火

（2）检查洞穴，看看是否有其他动物在里边。如果洞穴被比较凶猛的野兽占领了，知难而退是明智的选择。

（3）进入洞穴前用明火探测洞中是否有充足的氧气，不要盲目进入。

（4）如果洞穴比较复杂，可以牵一根绳子进去，或者做好记号，以方便退出。

森林中的树洞可以暂时栖身

确保一切安全后就可以露宿了。晚上最好烧一堆篝火，既可以取暖，又可以吓跑野兽。

如果找不到石洞，森林中的一些树洞也可以暂时栖身。

需要注意的是，树洞中经常会有各种各样的"原住民"，如蚂蚁、白蚁、蜘蛛、千足虫等，甚至还可能有蛇类出没。如果不得不在树洞内栖身，要想办法驱逐这些动物，用火和浓烟就可以达到目的。

003 凹坑营地选择

地上的凹坑会有一定的挡风效果，利用它来搭建庇护所时会省许多力气。但必须采取措施，让附近的流水改道。如果凹坑位于斜坡上，这就更为重要了，否则下雨时凹坑里会大量积水。

为了防雨保暖，坑顶要加以遮蔽。先在坑四周横向搭建一排结实的木棍，然后在其中上部纵向放置一根较大的木头，再将一些小的枝条、木棍密集搭在圆木上，彼此挤紧，让雨水顺着一边流淌。也可用泥巴、细枝和树叶加强防雨效果。

利用天然凹坑

004 利用折断的树木

找一棵倒下的小树,实在找不到,砍断一棵也行。将树枝简单整理一下,就能形成一个庇护所框架。

框架完成后,捡一些小树枝、草、树叶等一层一层覆盖到框架上面。

庇护所搭建完成后,在里面铺上厚厚的一层树叶或者干草,这样就可以把身体与地面隔开,减少身体热量的流失,起到保暖的作用。

庇护所搭建完成后,还需要制作一个反射墙来挡风和反射篝火的热辐射。反射墙制作很简单,找一些树枝编织一下就行了。

利用折断的树木搭建庇护所

第二节 营地搭建

学会搭建帐篷是户外露营的必修课,也是户外生存必须具备的技巧之一。帐篷的主要功能是防风、御寒、避免小动物滋扰。同时,帐篷可以在空旷的户外为我们提供一个相对私密的空间,保证使用者能够得到良好充分的睡眠,对保持体力起着至关重要的作用。

005 木制单坡营地建设

在树木繁茂的森林,有足够的木材可用,可以建造一个单坡避身所。这个工作的必备工具只是一把刀,但是所用的时间较长。

先进行如下准备工作。

(1)找两棵相距约2米的树,或者立两根直杆。

(2)找一根长约2米,直径5厘米左右的直木棍作为横梁。

(3)找5~8根长约3米的木棍作为单坡支架。尽量粗一些,因为斜坡上面还要加很厚的一层隔热材料。

(4)准备捆绑用的绳子或藤条。

(5)准备斜坡上覆盖的树枝、树叶或茅草等。多准备一

木制单坡避身所

第一章 营地建设

些，因为避身所内部的地面上也要铺很多。

搭建步骤如下。

（1）将横梁捆在两棵树之间，高度约一人高。如果将横梁架在合适的树杈上再捆绑更好。

（2）将5~8根长木棍的一端架在横梁上捆结实，另一端斜插进土里并夯实。

（3）找一些小的树枝、木棍或藤条架在斜坡上，最好用绳子固定。

（4）把树枝、树叶或茅草等隔热材料铺在斜坡上。从下至上覆盖，以利于排水。

（5）在避身所里面用树叶或干草铺成床。

006 沙漠营地

在干旱的沙漠地区，如果找不到天然的洞穴，那就要因地制宜，寻找适合的地点搭建避身所。

找一块凸出地面的岩石或者沙堆（也可以自己堆一个）。利用手头可作为遮挡物的材料，如防水布、衣服、带有树叶的枝条。将材料的一端固定在岩石上面，可以用石头或其他重物固定。将材料伸展开来，另一端也固定好，使其形状能最大限度地遮挡阳光。这层材料可以使避身所里面的温度比外面降低8~10摄氏度。

如果是在夜间，还要防止野兽。最好寻找与地面有一定夹角的岩石，下面的空间能够容纳下平躺的身体就可以，在岩石四周垒砌小的岩石、土块，将岩石下面的缝隙填满，这样才最为安全。

简易的沙漠避身所

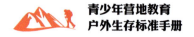

TIPS

如果材料足够多,可以在避身所顶部再加一层隔热材料,进一步降低正午时沟内的温度。两层材料之间的距离约为 30~40 厘米。

在开阔的沙漠中建造避身所的方法相似,主要是保证四周的气流通畅,最好使用多层的隔热材料。白色材料能最大限度地反射热量,因此放在最外层,而颜色深一些的材料放在内层。

007 沙漠地下营地

沙漠中的昼夜温差很大,搭建一个地下避身所可有效抵御白天的高温和夜间的寒冷。一般来说,地下避身所可比沙漠中正午的温度低 15 摄氏度左右。不过,搭建地下避身所要花更多的时间,付出更多的体力,因此,应该在白天气温升高之前开始建造。

(1)在沙丘或岩石之间找一处地势较低的地方或凹陷处,也可以挖一条沟,大约 50 厘米深,长度和宽度能够容纳一个人躺在里面即可。

(2)将挖出的沙子堆在沟的三边,形成沙堆。

(3)在沟的开口处挖深一些,便于进出。

(4)用防水布(或其他材料)覆盖在沟上面。

(5)用沙子、石头或其他重物固定覆盖材料。

沙漠地下避身所

008 湿地营地

在湿地、沼泽地带，很难找到干燥的地皮。为了脱离潮湿的地面，就只能在地面之上搭建避身所。

尽量选择大型树木，树杈之间有相对开阔、平坦的平台。这样的环境一般不缺乏藤蔓和枝叶。可以在平台上方利用这些材料做顶棚，以防下雨。

如果找不到干燥的高地，就只能想法搭建一座"高脚楼"。首先，得寻找那种分叉多而低的树木，然后砍伐一些长木棍，将它们绑在合适的高度上，先沿一个方向绑几根较粗的，然后垂直地绑几根，把两层木棍用藤条或绳子缠牢系紧，形成一个平台，再在平台上搭建"披棚"。

如果需要，可以在平台上生火，只要在火堆的下面垫一层潮湿的泥土或树叶即可。在低温和潮湿的情况下，有一堆火能够把湿衣服烤干是很重要的。

湿地避身所

009 雪地营地

在寒冷、积雪覆盖的地区,如果那里生长有树木,就可以利用树枝与树叶,依靠树干搭建避身所。如果被困于严寒的雪原上,那么必须自己构筑雪屋,才能熬过漫漫长夜。

具体的办法是用压实的雪块砌成一定高度的雪墙,开口设在背风处,然后在墙内生火取暖,在雪墙内侧睡觉。雪墙除了挡风外,还可以反射热量,保持墙内温度较高。

如果积雪够厚够结实,还可以在雪地里挖洞。在垂直方向上挖进半人的深度,然后在坑道底部雪壁上水平挖洞,大小容得下一人横卧。需要注意的是,必须将平台上方的穹顶仔细抹平,防

复杂的雪墙避身所

简易的雪墙避身所

止人体的热量使顶部的雪融化后有雪水滴下。

雪洞的缺点是只有体积足够大才能生火取暖,而且如果夜间继续下雪的话,很可能会将透气孔封住。

010 雪地树坑营地

在寒冷、积雪覆盖的地区,如果那里生长有常绿树木,而且身边有挖掘工具,就可以搭建一个雪地树坑避身所。

(1)找一棵枝繁叶茂的大树,确保枝叶可以覆盖头顶。

(2)挖出树干周围的积雪,直径和深度要足够容身。

(3)将雪坑周边的积雪压实。

(4)找一些大树枝覆盖在雪坑顶上,增加头顶上的保护。在坑底铺一些树枝或茅草就可以躺在上面休息了。

雪地树坑避身所

第三节 营地帐篷

帐篷可以在户外为人们提供一个私密的空间，抵御风、雨、低温、尘土以及各种各样的蚊虫。在黑夜里，把帐篷所有拉链都拉上，自己蜷缩在这个狭小封闭的空间里，让人有安全感和踏实感。

011 帐篷的分类和款式

从功能和用途上来说，帐篷可以分为两类。一类为高山型帐篷，主要为适应登山、探险等较复杂的环境而设计，性能指标注重了抗风、防雨、高强度，在选择材料上比较考究，在制作工艺上比较复杂，属于中高档的帐篷。另一类则称为旅游型帐篷，一般为郊游、野营而设计，在选材上更多地注重经济性，制作工艺相对比较简单，属于低档次的帐篷，可用作一般环境露营。

就帐篷的外形而言，常见的帐篷大体可分为五种款式。

（1）三角形帐篷。前后采用人字形铁管作支架，中间架一横杆连接，撑起内帐，装上外帐即可。这是早期最为常见的帐篷款式。

三角形帐篷

第一章 营地建设

（2）圆顶形帐篷。亦称蒙古包式帐篷。采用双杆交叉支撑，拆装都比较简便，是目前市面最流行的款式。

（3）六角形帐篷。采用三杆或四杆交叉支撑，也有的采用六杆设计，注重了帐篷的稳固性，是高山型帐篷的常见款式。

（4）船底形帐篷。这种帐篷撑起后，像一条反扣过来的小船，又可分为二杆、三杆不同的支撑方式，一般中间为卧室，两头为厅棚，在设计上注重了防风流线，也是常见的帐篷款式之一。

（5）屋脊形帐篷。其形状似一间独立的小瓦房，支撑通常是四角四根立柱，上架一个结构式的脊形的屋顶。这种帐篷一般比较高大，相对笨重，适合于驾车族或相对固定的户外作业露营使用，故有车载帐篷之称。

圆顶形帐篷

屋脊形帐篷

船底形帐篷

012 选择帐篷的要点

1. 安装是否简便

安装简便是选择帐篷的首要因素。目前最容易搭建的帐篷应该是抛帐，其独特的单圆弧连接结构设计非常巧妙，搭建帐篷不费时，不费力，收拢简单快捷。

在购买帐篷时，首先要弄清它的安装方式是否简单，然后实际动手操作一下，熟悉一下安装方法。这样可以在真正使用时不必先研究半天。如果有必要，就多练几回。

2. 尺寸

需要个人空间的，就选择单人帐；想和爱人、朋友一起体验户外的，就买双人帐；想和家人、伙伴等一起出去的，就买3～4人帐篷。但要记住，帐篷不仅是装人，还要装其他物品，所以要留出足够的空间。很多帐篷是有门厅的，但大小和数量不同，最好在购买时把物品需要的空间考虑进去。

如果要去寒冷的地方，可能要在帐篷中准备晚餐，那么需要那种有专门的通风口的帐篷。煮一点热咖啡或者方便面能让人感到舒适，但如果要在帐篷中使用炉子的话，则帐篷中要有足够的空间以保证安全。

3. 帐篷质量

选择帐篷时，必须要考虑帐篷的质量。如果是开车旅行，可以带质量更大的帐篷；但如果帐篷要整天背在肩上，那么质量就会成为一个主要的问题。带一个过重而且超过需要的帐篷只能给旅途带来痛苦。

安装简便是选择帐篷的首要因素

第一章 营地建设

如果只是打算在帐篷里睡上8小时的话，没必要带大帐篷；如果只是想在帐篷里休息一下，可以带个更便宜、更轻的帐篷；但是如果是要建立一个野营基地的话，用车辆运输一些又大又贵的帐篷是必要的。有的旅行者开车到露营地、湖边、海边等风景如画又适合居住的地方，在帐篷里一住就是几周。这种情况下，帐篷就更有家的感觉了。谁都希望住得舒适宽敞一些。

4. 防水性

防水性是挑选帐篷重要的指标之一。更好的材料和更佳的防水性，是保持帐篷内干燥舒适的决定因素。但是当大雨下个不停时，再好的帐篷内也可能是潮湿的，因为人进出帐篷也会带进来一些水分，而恶劣的天气使得这些水汽无法从帐篷中散出去。这时，最好的办法就是待在帐篷里不出来，直到大雨完全停止。只要睡袋是完全干燥的，你依然可以舒服地睡个好觉。

密封性越好的帐篷，越能防止水分的进入。但即使大部分帐篷在缝合处、接口处做了防水处理，水依然可能从这种地方渗入帐篷中。所以可购买防水胶布一类的东西把这些缝合处再密封一次，从而提供更好的防水性。

5. 帐篷的颜色

多数人往往根据个人的喜好挑选帐篷颜色。如果要减少对自然环境的影响，低亮度的绿色及棕色是很好的选择；高亮度颜色的帐篷除了看起来亮眼之外，还有容易搜寻的好处。

另外，帐篷的颜色会影响到帐篷内部的光线及温度：高亮度的帐篷透光性较高，同时传导进来的热量也会比较高；低亮度的帐篷透光性会较差，也会挡掉一些太阳提供的自然热源，影响到个人在帐篷内的活动。特别是在天气不好的情况下，更能感受到两者的差异。

颜色鲜艳的帐篷在户外容易被发现

青少年营地教育
户外生存标准手册

第四节　帐篷搭建

学会搭建帐篷是户外露营的必修课,也是户外生存必须具备的技巧之一。帐篷的主要功能是防风、御寒、避免小动物滋扰。同时,帐篷可以在空旷的户外为使用者提供一个相对私密的空间,保证使用者能够得到良好充分的睡眠,对保持和恢复体力起着至关重要的作用。

013　雨披帐篷

这是一种简单的避身所,只需要一件雨披(或防水布)、一根2~3米的绳子以及几根30厘米长的削尖的木棍充当地钉。材料准备好后,需要找两棵相距2~3米的树或两根杆子。

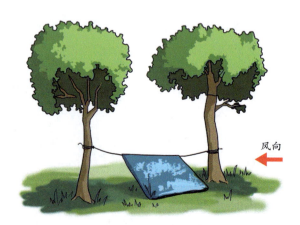

如果防水布较小,可以搭建单坡帐篷,但要注意让背面迎风

第一章 营地建设

雨披帐篷可以在很短的时间内建造完成。

（1）在两棵树之间绑好绳索。

绳子越紧越好，帐篷搭好后才不会下垂太多。

（2）将防水布搭在绳子上。

（3）用地钉将防水布的边角固定在地面上。

如果只是短时间休息，可以搭建一个简易的三角形帐篷

双坡帐篷

> **TIPS**
>
> 为了更好地遮风挡雨，可以在帐篷开口的地方放一些树枝，或者用背包等物品挡住。
>
> 在休息时，身体80%的热量会被地面吸收。因此，帐篷搭好后，可以在地上铺一些干草或树叶，以隔开冰冷的地面。

014　圆锥形帐篷

在条件允许的情况下，如果手边有三根杆子和一张防水布或大的塑料布，很容易就能制作圆锥形帐篷。

制作圆锥形帐篷不需要太多时间，而且它还能阻挡自然界的很多伤害。同时，在帐篷中点上蜡烛等火源可以发出微光，在提供保护的同时还可发送信号。圆锥形帐篷有较大的空间，几个人在里面煮饭、睡觉甚至储存木柴都没有任何问题，适合多人居住。

搭建圆锥形帐篷，需要准备一块边长6米左右的防水布。如果情况紧急没有防水布的话，也可以用树枝代替。另外还要准备三根直径约5厘米、长约3.5～4米的杆子，竹子是最好的材料。

圆锥形帐篷的搭建方法如下。

（1）把三根杆子的一端系在一起，竖在地面上形成三脚支架。也可以多砍些杆子以提供更多的支撑，为保险起见，可以多加五六根。

圆锥形帐篷

第一章　营地建设

（2）检查风向，为避免大风吹入帐篷、影响帐篷稳定和降低内部温度，确保帐篷入口与风向呈 90 度或者更大角度。

（3）把防水布包在支架上。如果没有防水布，可以找一些枝叶丰厚的树枝，使其枝叶朝下，主干部分朝上布置。从下至上铺上去，用绳子固定好。

（4）沿支架的一侧把帐篷包好。包上整个防水布后，帐篷应该呈现出部分双层的样式。入口可以利用帐篷折起来的边制作：用它们裹上两根没捆绑的杆

用树枝搭建圆锥形帐篷

子。需要关闭帐篷入口时，直接把杆子排起来即可。

（5）在帐篷里生火取暖、烹调时，注意通风。在帐篷顶端留一个 30 ~ 50 厘米的开口，用以换气。

用防水布搭建圆锥形帐篷

015　A形支架帐篷

A形支架帐篷如果搭建得合适，可以成为一个温暖、干燥的庇护所，足以抵御恶劣天气。这种帐篷用到的主要材料是木棍或竹子，顶部可以使用防水布或塑料布覆盖。如果身边没有防水布，也可以用树枝、树叶、茅草等材料覆盖，保暖效果更佳，但要多花一些时间。

A形支架帐篷的搭建步骤如下。

（1）把两根较短木棍和一根长杆（约2.5米）捆在一起，做成一个三脚支架，然后把短木棍的底部埋在地下并夯实。

（2）用同样方法制作另一端的支架。如果周围树木较多，可将长杆固定在一棵树的齐腰高的位置，这样更省时省力。

（3）沿着长杆的两侧捆上一些木棍，做成一个三角形的空间，要确保内部有足够的容身空间。

简易的A形支架帐篷

（4）在顶上覆盖防水布。如果没有防水布，需要找一些枝叶较多的树枝，使其枝叶朝下，主干部分朝上布置。从下至上铺上去，用绳子固定好。

（5）找一些干燥的树叶或茅草盖在上面，越厚越好，然后再找一些大树枝或小石头压在上面，以防大风把茅草吹走。

（6）在帐篷里面铺一层干树叶或茅草，作为隔热材料。

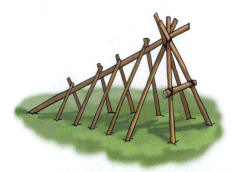

A形支架帐篷的搭建方法示意

比较复杂的A形支架帐篷，里面做了一张木床

第二章
营地教育生存技能

- 第一节　户外辨别方向
- 第二节　户外取火
- 第三节　信号求救
- 第四节　渡水技巧

青少年营地教育
户外生存标准手册

第一节 户外辨别方向

在户外环境中,指南针和地图是很有用的工具。利用它们可以迅速、准确地辨别方向,必须熟练使用。

如果身边没有这两种工具,也可以利用太阳、星星等自然景物来辨别方向。但这些方法只能确定一个大致的方位。如果熟悉所在地区的地形、地貌,就可以更精确地辨别出方向。

016 利用手表辨别方向

人在陌生的地方活动,很容易晕头转向,找不到"北"。这时可利用手表来辅助确定方向。

方法一:将一块带指针的手表平放,表盘向上;转动手表,将时针指向太阳。这时,表的时针与表盘上的12点形成一个夹角,这个夹角的角平分线就是南北方向线。中午之前,太阳在东边,下午在西边。由此可辨别正确的南北方向。切记,这种方法仅适用于北半球,而且越远离赤道,结果越准确。当然,在北极点附近是无法用这种办法的。

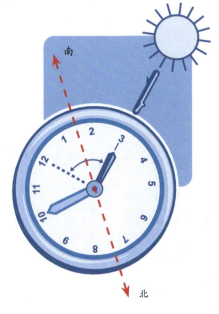

利用手表辨别方向的方法之一

方法二：这个方法稍微复杂一点，但精确度较高。将当地的时间数（按 24 小时计时法计算）除以 2，然后将手表平放，在表盘上找出商数的相应位置。将这个数字对准太阳，表盘上 12 点所指的方向就是北方。

如下午 3 点，也就是 15 点，15 除以 2，商为 7.5。将表盘上的 7 点 30 分对准太阳，12 点所指方向即为北方。北方确定后，面向这个方向站定，利用"左西右东"的原则，即可确定其他方向。

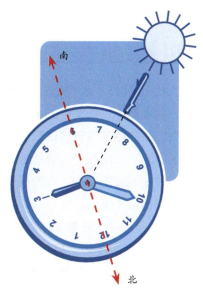

利用手表辨别方向的方法之二

TIPS

我们知道，地球 24 小时自转 360 度，即 1 小时转 15 度，而手表的时针总比太阳转得快 1 倍。依此原理，就可以用手表和太阳测定大概方位。

比如，早晨 6 点太阳在东方，影子指向西方。这时，将手表上的时针指向太阳，表盘上的 12 点便指向西方。将 6 除以 2，商为 3，把表盘上的 3 点对准太阳，12 点便指向北方；同理，中午 12 点，太阳位于南方，把表盘上的 6 点对向太阳，则 12 点指向北方。

需要记住，如果是在下午，则应按 24 小时计时法计算。如下午 4 点，就要按 16 点计算。

照此方法测定方向，要考虑地方时差。应将北京时间（东八区）换算成地方时间。以东经 120 度线为准，经度每向东 15 度，将北京时间加 1 小时；每向西 15 度，则将北京时间减 1 小时，即为当地时间。如乌鲁木齐（东六区）的地理坐标大约是东经 87 度，（120 度 − 87 度）÷ 15 度 ≈ 2 小时。将北京时间减去 2 小时，就是乌鲁木齐的当地时间。

017　利用影子辨别方向

找一根长1米左右的长木棍，垂直插到一处空旷的水平地面上，在晴朗的白天可以投射出清晰的阴影。用石子（或其他东西）放在阴影的顶端，作为第一个阴影标记（A）。

约15～60分钟后，木棍影子的顶点会移动到另外一处。再放一块石子，作为第二个阴影标记（B）。然后，将两个石子连成一条直线，就可以得到大概的东西方向。

双脚站在直线上，左脚在A点，右脚在B点，此时面对的方向就是北。

在地球上的任何地方，使用这种方法都能辨别正确的方向。木棍越高、影子移动的距离越长，测出的方向就越准。

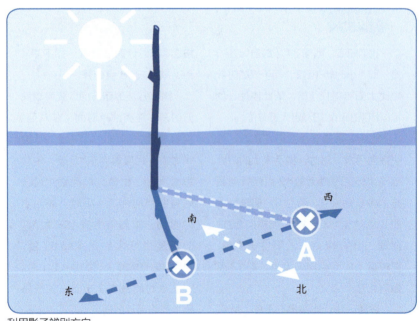

利用影子辨别方向

018 利用星星辨别方向

在北半球的夜空，北极星是最好的指北针。它所在的方向就是正北方向。相对地球来说，北极星好像是静止不动的。因为它围绕着北天极的转动角度只有 1.08 度。用它来辨别方向时，这个误差可忽略不计。

北极星最明显的"邻居"是北斗七星，也就是大熊星座。顾名思义，北斗七星由 7 颗明亮的星星组成，形状像一个巨大的勺子，在晴朗的夜空很容易找到。

北斗七星"勺子"的外缘由两颗星星组成，其连接线指向北极星，因此称为"指极星"。

从"指极星"的延长线方向看去，约其间隔 5 倍处，有一颗较亮的星星就是北极星。面对北极星的方向就是正北方。

在这条延长线方向继续延伸相同距离，可以看到由五颗亮星组成的"W"形状，这就是著名的仙后座，与北斗七星相对，也是指极星座之一。

利用北极星辨别方向

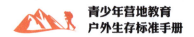

019 利用南十字星辨别方向（南半球）

南十字星座在我国绝大部分地区是看不到的。但在南半球的星空，它是一个比较明显的星座，其重要性与北半球的北极星一样。澳大利亚和新西兰国旗上的主要标志物就是南十字星。

澳大利亚国旗的右部为五颗南十字星

南半球的居民经常用南十字星座来确定正南方向。

方法一：将南十字星左、右两颗的连线延伸为线A；再将下方两颗较亮的星（南十字星座旁边有两颗很亮的星，它们是半人马座中的 Alpha 星和 Beta 星）相连为线B；然后，在这条线的中点拉一条垂直线为线C，使之与线A相交，相交点垂直对地面那一点即是南方。

方法二：将南十字星左、右两颗的连线为线A；以线A长度为1单位，将线A延长4.5倍，在这条线的尾端垂直对地面的那一点即为南方。

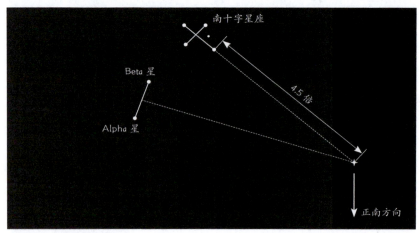

利用南十字星辨别方向

020 利用树木辨别方向

1. 根据树枝生长的茂盛程度来分辨南北方向

俗话说,"万物生长靠太阳"。掌握植物这一特征后,即使在阴天,也可通过观察植物的生长情况来判断方向。

树木如果能吸收充足的阳光,则枝叶生长茂密。由此可以得知,树叶茂盛的部分即为南方。

2. 根据树叶生长的方向辨别

花草树木都有向阳的特性,因此,叶面所朝的方向即为南边。

3. 根据树木的年轮来辨别

在我国北方许多树木的树干断面可见清晰的年轮。向南一侧的年轮较为稀疏,向北一侧的则较紧密。树干断面的年轮纹一般是南面间隔大,北面间隔小。

4. 根据石头或树根的青苔辨别

青苔喜欢生长于潮湿地方,利用这一特性可以找出背阳处,进而分辨出向阳的南方。

1. 根据树枝生长的茂盛程度来分辨南北方向

2. 根据树叶生长的方向辨别

3. 根据树木的年轮来辨别

4. 根据石头或树根的青苔辨别

021 利用地物来判断方位

(1)在寒冷的冬季,建筑物或土堆上经常有积雪。北面积雪融化较慢,而土坑等凹陷地方则相反。

(2)在我国境内,在沟谷地带有存雪的话,先融雪的一面山体是阳坡(朝南的坡),另一面则相反。

(3)我国北方民居的门窗多向南开放。草原上的蒙古包也具有相同特征。

(4)我国的大江大河多数自西向东流,一般能大致确定方向。

(5)森林中,空地的北部边缘青草较茂密。

(6)在我国北方草原、沙漠地区西北风较多。在草丛附近常形成许多雪龙、沙龙,其头部大,尾部小,头部所指的方向是西北。

(7)在密林中,岩石南面较干;而岩石北面较湿,且有青苔。

(8)蚂蚁的洞穴多在大树的南面,而且洞口朝南。

(9)一些自然村落一般都是集中在山的南侧,而且大门多数是朝南开的。一般古庙、古塔、祠堂等建筑物都是坐北朝南的。

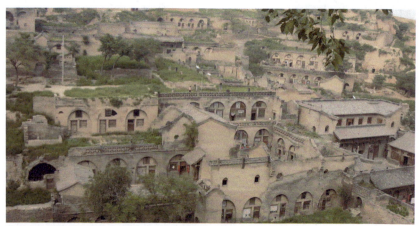

我国北方的自然村落一般都集中在山的南侧,而且大门多数朝南开

022 自制指南针

1. 制作漂浮式指南针

用缝衣针或细铁丝在头发上摩擦。记住,始终要顺着一个方向摩擦。缝衣针磁化后,将其放在一片较轻的树叶上,再把树叶放入静止的水中。树叶会在水面上旋转,待其停止旋转后,缝衣针的指向就是南北方向。

南北方向确定后,就可以再根据阳光、地形或者树木的茂盛程度进一步判断出其他方向。

除树叶之外,泡沫、软木塞、瓶盖等任何能漂浮在水面上的东西都可用来制作漂浮式指南针。

2. 制作悬吊式指南针

如果用水不方便,还可用悬吊法来制作简易的指南针。

将磁化后的缝衣针垂直插在纸片上,用柔软的细线或毛发把纸片挂在一根小木棍上,再找一个空玻璃瓶,把缝衣针和纸片悬吊在瓶中,缝衣针静止后的指向就是南北方向。

漂浮式指南针

悬吊式指南针

第二节 户外取火

在很多户外环境下,生火的能力可以决定能否生存。火能够满足多种需要,不仅可以用来煮熟并保存食物,还可以用火来净化饮用水,以及消毒、发出求救信号等。在户外露营时,生一堆火还可以避免野兽的袭击和蚊虫的骚扰。

户外用火一定要防止引发森林火灾和一氧化碳中毒。本节将介绍几种比较"原始"的生火方式。

023 准备可燃材料

在户外生火的可燃材料包括引火材料和耐燃材料。引火是比较麻烦的一步,就是用易燃但不耐烧的材料,引燃耐烧的主要燃料。

引火材料首先要干燥,其次

可燃材料

是蓬松细软,最好是油脂含量较高的物品。野外一些有绒毛的草本植物非常易燃,如蒲公英、蒲苇、灯芯草之类;另外,纸张、茅草、木屑、干苔藓、刀刮木头得到的"刨花"等也常被用作引火材料;松树、柏树、桦树的干树皮含有较多油脂,可以助燃。

引火材料容易点着,且火焰很旺,但不耐烧。要想引火成功,必须在引火材料烧完之前,引燃主要燃料。主要燃料如木柴、煤块等,不如引火材料容易燃烧,需要高温多烧一会儿。最好把燃料架起来,下面的空间塞入点着的引火材料。视情况添加引火材料,注意不要添太多,以免把火闷灭。

火点燃后,最好找一根烧火棍来控制燃烧。引火时如果火苗快灭了,可以挑动火堆使空气进入。也可以在烧起来后把埋在烧灰里没烧干净的燃料挑出来。燃料稳定后,直接添加适量燃料即可。

024 凸透镜取火

这种方法只能在阳光充足的白天使用。放大镜、望远镜以及照相机里的凸镜,都可以代替凸透镜用来生火。

将凸透镜调整好角度,使太阳光持续聚焦在引火材料的一个

凸透镜取火

点上,该点的温度会急剧升高,直到引火材料开始冒烟。轻轻扇风或对着上面吹气,使之燃烧,待火苗较大时再添柴即可。

另外,在手电筒反光碗的焦点上放火种,向着太阳也能取火。如果在有冰雪的环境下,将冰块加工成中间厚、周边薄的形状代替凸透镜也是可以的。

025 打火石取火

在户外恶劣的天气条件下,风、雨足以让打火机和火柴失效。而此时最可靠的取火工具是最原始的"燧石",也就是打火石。打火石几乎能在任何气候和环境条件下使用,因此,它是户外生存的三件必备装备之一(其他两件是刀和水壶)。

与天然燧石的成分主要为二氧化硅不同,现在使用的打火石是人工配制的镁合金、稀土金属的衍生物,因此有了更好的性能——在与刀、锯快速摩擦时,会掉落大量高温燃烧的金属屑,进而迅速引燃干草、枯叶、木屑等天然引火物。

市售打火石

用打火石取火

第二章 营地教育生存技能

在使用时,左手拿打火石,将其放在堆起的引火材料上,与地面成 45 度角;右手拿刮片用力刮擦火石,使其产生火花。火花大量掉落在引火材料上,引起燃烧。

> **TIPS**
>
> 新打火石需要先刮几次去除表层黑色氧化层方可打火。如自带的打火铁片不好用,可以用刀来刮燃。
>
> 打火石在雨雪天气中可正常使用。
>
> 在夜晚刮擦打火石可产生明亮火花,可以用作紧急求救信号。

026　电池生火

这种方法需要电量较大的电池,如普通干电池或者手电、手机中的充电电池。先取出电池,然后找一些细的金属丝,或者包裹口香糖的锡箔纸。

将细金属丝的两端连接到电池的正负极,这样电池就会短路,让金属丝产生足够的热量,金属丝会像烧红的铁一样,然后用来引燃引火物。

将钢丝球沾上一些燃油,直接用电池的两极接触,也可引起明火

或者将锡箔纸中间撕得细细的，然后将两端连接电池的正负极。电池短路，会让锡箔纸最细的部位产生热量，燃烧起来，然后用来点燃引火物。

也可以把锡箔纸的两端剪成细细的条状，然后对半撕成两片，分别放在电池的正负极（注意：防止烫手，可以垫一层纸）。接着小心地慢慢让电池两极连接的锡箔纸接触，会很快地产生高热和火焰。趁着明火出来以后，赶紧用它点着引火材料。

将锡箔纸剪成中间细的长条

锡箔纸有金属镀层的一面小心连接电池的两极

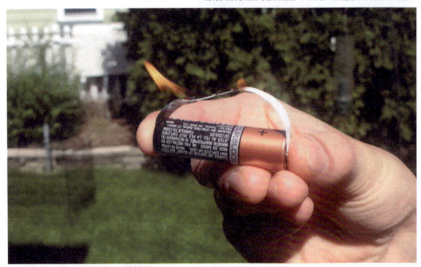
数秒钟后，最细的部位开始燃烧

027 钻木取火

钻木取火需要准备以下几种工具。

（1）弓。先找一根有弹性的木棍，粗一点，木材种类无所谓，但要足够结实。然后，在两端系上弓弦。弓弦可以是任何绳索，实在找不到合适的绳子，解下鞋带也可以胜任。弓弦尽量绑紧一些。

（2）木板。找一块干燥的木板，质地松软一些较好，厚度在2厘米左右。在板子的一侧距边缘约2厘米的地方挖一个凹坑。在朝下的那一面，对着凹坑做一个V形切口。这个切口很重要，有利于空气流通，并使钻出的木屑落在引火材料上。

（3）钻木。钻木其实就是一根较直的干燥木棍，质地要硬一些，直径约2厘米，长约25厘米。用刀把它加工得圆滑一些。

（4）钻帽。钻帽是一块容易抓握的石头或硬木块，中间有个凹坑，用它来保持钻木的位置并向下用力。如果不用钻帽，徒手抓握钻木很容易受伤。

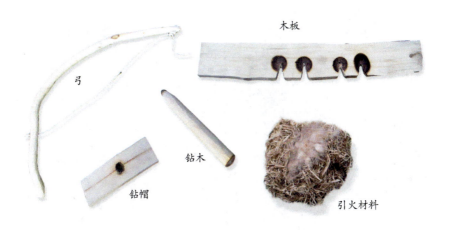

钻木取火需要的几种工具

把引火材料放在V形切口下面，用一只脚踩住木板，把钻头放到预先做好的凹坑里。左手用钻帽压住钻木，右手前后拉弓。先尝试几次，熟练、顺畅后，用更大力气往下压并加快拉弓的速度。大约几分钟后，会钻出一些黑色的粉末撒在引火材料上，并产生一些火星，引火材料开始冒烟、燃烧。

把弓弦在钻木缠绕一圈

前后快速拉弓取火

028 生火与灭火

在户外,多数时候是不允许点燃篝火的,但有时候在紧急情况下篝火却是非常重要的。如果要生火的话,必须知道怎么生火、维护火的安全,最后安全负责地熄灭它,并且要将可能产生的不利影响降到最低程度。

开始生火时,可以用干燥的树枝竖起一个小的空心圆锥体,中间塞一些树叶干草,然后用火柴点燃。

当小的火堆温度上升时,适当增加一些大一点的树枝。将点着的树枝等移动到火堆的中心,让其完全燃烧。最理想的情况是将这些材料都烧成白灰。

只有那些能够被火完全燃烧的、并且可以烧成灰的垃圾才应该用来烧。不要试图烧那些塑料、罐头或者铝箔等材料。如果的确需要烧一些没法完全燃烧的垃圾,那么最后你需要将所有留下的东西拣出来带走,或者扔到附近的垃圾回收点去。

千万不能留下一个无人看管的火堆。

如果需要烘干衣物,可以在火堆旁边的树上拴一根绳子,然

在地上挖坑建造火塘是比较安全的,而且事后处理也比较简单

后将衣服搭在绳子上。

　　灭火的时候需要先浇上水，然后踩灭所有的火星，之后继续浇上更多水。尽量这样多做几次，以彻底弄灭火苗。在离开生火点的时候，留下的灰烬应该能到可以触摸的程度才行。要确保所有的火苗与火星都已经熄灭、变冷才可以离开。

029 户外用火的注意事项

　　（1）在进行徒步露营活动之前，需要了解当地用火的限制。

　　很多时候，景区或者徒步区域的管理人员都会提出一些用火方面的要求，特别是在容易引发火灾的季节更应该注意。在徒步的沿途，应该注意关于野外火灾和森林防火的指示张贴、标志等。需要注意的是，有些地区在火灾多发季节，对于用火的控制会更加严格。对于露营者来说，有责任去了解这些要求。

　　（2）只收集一些掉落的树枝等材料，最好是从远离营地的地方收集。否则，经过一段时间，营地的周围将会呈现一种很不自然的光秃秃的状态。

　　（3）千万不要砍伐活着的树木或者从长着的树木上掰掉树枝，甚至也不要从死掉的树木上去采树枝，因为会有很多野生动物使用这些地方。

　　（4）不要使用太高太厚的火堆。大量的柴火很少会完全燃烧，一般都会留下黑炭等篝火遗迹，从而影响生态环境。

　　（5）在允许生火的地方，应该使用已有的火塘。

　　在紧急情况下，也可以自己新建一个火塘。如果条件许可的话，在用完之后应该恢复原状。如果原来就有火塘，那么在离开的时候应该把它清理干净。

　　（6）在火塘附近，应该把所有可能燃烧的材料都移开。

　　（7）最理想的情况下，用来烧火的地方应该是不可燃的，例如泥土、石头、沙子等材料（经常可以在河边找到这些材料）。持续的热量将使本来健康的土壤变得很贫瘠，所以应该注意选择用火地点。

（8）如果在紧急情况下生火是用来求生的，那么没有考虑到土壤的继续利用还是可以理解的。但是，不要过分破坏自然景观。可以用工具，使用矿化土壤（沙子、浅色的贫瘠土壤）制作一个15～20厘米高的圆形平台，用作生火的地方。如果条件允许，可以将这个平台建在一个平坦的岩石上。这主要是为了避免损害能够生长植物的土壤。在用火结束之后，可以很容易就将这个生火平台推掉。

（9）带走留下的灰烬。

挑拣出任何在火圈内可以找到的木炭，将它们压碎带走，或分散掩埋在较大的范围。拆掉临时建造的生活设施，不要留下任何木块之类的东西。这对于消除野外用火带来的长久影响来说是一种负责任的行为。

在野外生火应该使用安全火塘，这在植被丰富的丛林中尤其必要

第三节 信号求救

在野外，生存环境非常恶劣，各种灾难会不期而至。对野外被困人员来说，及时了解自己所面临的困境，通知别人，求得救援，是非常重要的。遇险求救时，要通过各种方式与别人取得联系，而且发出的信号要足以引起人们的注意。

030 烟火信号

火光作为联络信号是非常有效的：白天可在火堆上放些枯叶、青嫩树枝、橡胶、塑料等使之产生浓烟；晚上可放些干柴，使火烧得更旺，使火焰升高。

燃放三堆火焰是国际通行的求救信号。将火堆摆成三角形，每堆之间的间隔要基本相等，这样安排也方便点燃。如果燃料稀缺或者自己伤势严重，或者由于饥饿，过度虚弱，凑不够三堆火焰，那么因陋就简点燃一堆也行。

虽然不可能让所有的信号火种整天燃烧，但应随时准备妥当，使燃料保持干燥，一旦发现有飞机路过，就尽快点燃求助。火堆的燃料要易于燃烧，点燃后要能快速燃烧，因为有些机会转瞬即逝。白杨树皮就是十分理想的燃料。可以用汽油点燃燃料，但不可将汽油倾倒在火堆上。可以用一些布料做灯芯带，在汽油中浸泡，然后放在燃料堆上。将汽油罐移至安全地点后再点燃火堆。点燃之后，如果火势即将熄灭，加汽油前要确保添加在没有火花或余烬的燃料中。在白天，烟雾是良好的定位器，所以火堆上要添加散发烟雾的材料。浓烟升空后，与周围环境形成强烈对比，易引人注意。

在夜间或深绿色的丛林中，亮色浓烟十分醒目。添加绿草、树叶、苔藓和蕨类植物都会产生浓烟。其实，任何潮湿的东西都能产生烟雾。潮湿的草席、坐垫可烧很长时间，同时飞虫也难以靠近伤人。黑色烟雾在雪地或沙漠中最醒目，橡胶和汽油燃烧可产生黑烟。如果受到气象条件限制，烟雾只能在近地表飘动，这样会加大火势。这样暖气流上升势头更猛，会携带烟雾到更高的高度。

潮湿的树枝在燃烧时可产生足够的浓烟，以引起外界注意

031 地面标志求救

在比较开阔的地面，如草地、海滩、雪地上，可以制作地面标志。可以把青草割成标志，或在雪地上踩出一定标志；也可用树枝、青草等拼成一定标志，从而与空中取得联络。

需要记住以下几个单词,以备不时之需:

(1) SOS(求救);
(2) send(送出);
(3) doctor(医生);
(4) injury(受伤);
(5) trapped(受困);
(6) lost(迷路);
(7) water(水)。

在雪地上,用绿色树枝制作求救标志

在沙滩上,用深色的石头制作求救标志

第二章 营地教育生存技能

032 反光信号求救

利用阳光和一个反射镜即可射出信号光。任何明亮的材料都可加以利用，如罐头盒盖、玻璃、金属片。如果有一面镜子当然更加理想。持续的反射将规律性地产生一条长线和一个圆点，这是莫尔斯代码的一种。即使不懂莫尔斯代码，随意反照，也可能引人注目。无论如何，至少应掌握SOS代码。即使距离相当遥远，也能让别人察觉到一条反射光线信号。即便并不知道想要联络目标的位置，也值得多多尝试，而这种做法只是举手之劳。

在求救时，注意环视天空，如果有飞机靠近，就快速反射出信号光。这种光线可能会使营救人员目眩，所以一旦确定自己已被发现，应立刻停止反射光线。

利用反光信号求救

047

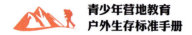

033 旗语信号

把一面旗子或一块色泽亮艳的布料系在木棒上,大力挥动,左侧长划,右侧短划,做8字形运动。如果双方距离较近,可不必做8字形运动。在右边短划一次,前者应比后者用时稍长。

8字形旗语信号

034 留下信息

当离开危险地时,要留下一些信号物,以备让救援人员发现。地面信号物使营救者能了解你的位置或者过去的位置,方向指示标有助于他们寻找你的行动路径。一路上,要不断留下指示标,这样做不仅可以让救援人员追寻而至,在自己希望返回时，也不致迷路——如果迷失了方向，找不着想走的路线，它就可以成为一个向导。

方向指示标志包括：

（1）将岩石或碎石片摆成箭头形；

（2）将棍棒支撑在树杈间，顶部指着行动的方向；

（3）在茅草的中上部系上结，使其顶端弯曲，指示行动方向；

（4）在地上放置一根分叉的树枝，用分叉点指向行动方向；

（5）用小石块垒成一个大石堆，在边上再放一小石块指向行动方向；

（6）用一个深刻于树干的箭头形凹槽表示行动方向；

（7）两根交叉的木棒或石头意味着此路不通；

（8）用三块岩石、木棒或灌木丛传达的信号含义明显，表示危险或紧急。

地面指示信息分类

树枝	石头	石子	茅草
开始行动或前进方向			
向右转			
向左转			

续表

树枝	石头	石子	茅草
行动方向			
此路不通			
危险或紧急			
信息编号			
结束行动返回驻地			

第四节 渡水技巧

在户外任何地方生存都可能会遇到水的障碍,可能是一条大河、一条小溪、湖泊、流沙、湿地或者沼泽。即便是在沙漠,也可能爆发瞬间的洪水。不管遇到什么样的水域,我们都需要知道如何安全渡过。

035 渡过河流

一条河或者一条溪流可能很窄,也可能很宽;可能很浅,也可能很深;可能是缓流,也可能是急流;可能覆盖着积雪,可能结了冰。需要做的第一步是选择一个基本安全的过河点。先寻找一块高地,从上面可以看到整个河面的情形,然后找到过河地点。如果没有高地,那就爬到树上。仔细检查河流,观察有没有以下情形。

(1)观察有没有分成几条水道的水面。通常过两三条窄窄的水道要比过一条宽的河容易得多。

(2)观察对岸是否有障碍物,它可能会阻碍行进方向,选择可以最安全、最容易行进的地点。

(3)观察有没有很深的、水流很急的瀑布,有没有很深的水道。绝对不能从这些地点或其附近过河。

(4)观察有没有岩石丛生的地方。避开这里,因为撞到岩石上可能会导致受伤。不过,零星的、隔断水流的石头可能会对渡水有所帮助。

(5)观察有没有浅滩或沙

洲。如果可能，选择浅滩或沙洲上游的地点过河，即使失足，水流可能会将渡水者冲到浅滩或沙洲上。

（6）观察河中有没有一条水流朝下游流去。过河时，应沿着与这条水流呈45度的方向行进。

（7）如果能站住脚，河流或溪流的深度是不可怕的。事实上，深的水通常流得比较缓慢，因此比水流很急的浅水要安全。

渡水的第一步是选择安全的过河点

036 渡过急流

渡过很深的急流并没有看上去的那么危险。如果游泳过河，要顺着水流的方向游，绝对不可逆流而上，尽量保持身体呈水平状态，这会减少被暗流拖入水中的危险。

游过较浅的急流时，应背部朝下，脚朝前，两手放在臀部两侧快速拍打水面以增加浮力，从而避开水下的石头。抬高双脚，避免被石头擦伤或撞上石头。

游过深的急流时，应腹部朝下，头朝前，尽量使身体与河岸保持直角。在浪峰之间呼吸。避开回流和水流汇集处，因为那里经常会有危险的漩涡。避开瀑布落下泛泡沫的水面，那里几乎没有什么浮力。

如果准备趟过一条急流或者危险的河流，可以脱掉外裤和内衣，减少水流在腿上的摩擦。不过，要穿着鞋子，保护脚和脚踝免受石头伤害，并且可以站得更稳。

将外裤和其他一些重要物品紧紧绑在背包顶部。这样，如果不得不放弃背包时，所有的物品都在一起。找一个大的背包比找几个琐碎的东西要容易得多。

将背包背在双肩上，一旦立足不稳，可以马上松开背包。如果不能迅速脱掉背包，它很可能会把渡水者拖入水中。

找一根直径约为10厘米、长约2米的杆子，要足够结实，用这根杆子帮助自己过河。紧紧握住杆子，将它插入上游的水流中，它可以隔断水流。每只脚都要踩实，将杆子往前移时，插入的地点要比上一次的地点稍稍靠近下游一点。往前行进时，脚踩在杆子下方。保持杆子倾斜，水流会使杆子抵在肩膀上。

如果还有同伴，那么最好和同伴一起过河。确保每个人都已经将背包和衣服像前面介绍的那样准备好了。体重最重的人握住杆子的末端，站在靠近下游的位置，体重最轻的人握住杆子的前端，站在靠近上游的位置。这样，靠近上游的那个人会阻断水流，而后面的人通过前面的人造成的漩涡时也相对容易些。如果靠近上游的人立足不稳，其他的人也能够稳稳站住，直到那个人重新站稳。

不管涉什么样的水，涉水时要和水流朝着下游的方向呈45度。即使是那些使人无法站稳的强劲水流，用这种方式通常都能过去。

不要担心背包的质量，因为质量会有助于过河，而不是阻碍过河，只是要确保必要时能够迅速脱掉背包。

面对水流湍急的河流，必须慎重行事，不要轻易涉水

037 制作雨披筏

如果身边有雨披,那么可以做一个雨披筏。用这种筏子可以将人和装备安全运过水流不太急的河流。

制作雨披筏需要一件雨披、一些小树枝、一根绳子或藤条等捆扎材料。制作步骤如下。

(1)将几根小木桩打到地上,排成一个有内圆和外圆的框架。

(2)用小树枝或藤条在框架内做成一个圆圈。

(3)在圆圈上每隔30~50厘米缠上几条绳子并捆扎结实。

(4)把雨披铺在地上,里面朝上,再把编好的树枝圆圈放到雨披中央,用雨披把圆圈裹起来,将雨披上的扣眼扎紧。

(5)将一条绳子拴在筏子上,绳子另一端可以打一个绳扣或系上一个空水壶,以便于拽住筏子。

在拖雨披筏上岸时务必小心,不要刺穿或撕坏雨披。在过河前,先将雨披筏放到水里几分钟试验一下,确保它能够漂浮起来。如果水太深,不能涉水而过,那么游泳时将雨披筏放在前面,推着它游向对岸。

在渡水前,要先检查水的温度。如果水温极低,而且没有浅的地方可以涉水而过,那么不要试图涉水,而要设计其他的渡水方法。例如,可以推倒一棵树,使之架在河上,临时搭建一座桥;或者可以制作一个足够大的筏,可以承载人和装备。但是做这些工作时需要斧头、刀、绳子或者藤条,而且还需要足够时间。

利用雨披和小树枝制作一个雨披筏

038 利用漂浮装置渡河

如果水温适合游泳，但是渡河者并不擅长游泳，那么可以做一个漂浮装置来提供帮助。

可以用来做漂浮装置的东西有很多，简要介绍如下。

（1）裤子。在裤脚处打结，扣上纽扣。两手抓住裤腰处，在空气中摆动几下，使裤管充满空气。立即将裤腰收起来，抓紧它放到水里，使空气不致逃逸。一个简易的"游泳圈"就完成了。需要注意的是，过较宽的河流时，这个"游泳圈"可能需要多次充气。

（2）空容器。可以将空的罐头、汽油罐或者盒子绑在一起作为漂浮物。不过，这种漂浮物只能在水流较缓的河流里使用。

（3）塑料袋。将两个或多个塑料袋灌满空气，然后扎紧袋口。

（4）雨披。将一些绿色植物放在雨披里，然后将雨披卷起来，卷的直径要不小于20厘米。将雨披两端扎紧。渡河者可以将它系在腰间，也可斜背在肩上。

（5）圆木。如果没有圆木，可以用搁浅的浮木，或者到附近找一根圆木来做漂浮物。不过，渡水前一定要先测试一下圆木能否漂浮。有的树木如棕榈，即使是干枯的也会沉到水里。

（6）香蒲类植物。收集香蒲类植物的茎干，然后将它们捆成一捆，直径至少要25厘米。香蒲类植物茎干里有许多充满空气的小巢能使之漂浮，直到腐烂。渡水前测试一下香蒲捆，确保其能承受人的体重。

香蒲类植物在河湖岸边很常见，其茎干中空，适宜用作渡水材料

第三章
获取食物和饮水

- 第一节　获取饮用水
- 第二节　获取食物
- 第三节　野外捕鱼
- 第四节　捕捉小型动物

第一节 获取饮用水

在户外环境中，水是最重要的需求之一。人可以三天不吃食物，但决不可以三天不喝水。在炎热地区，大量出汗会使人体流失大量水分；在寒冷地区，人一天也至少需要2升水才能维持正常的生理需要。

水分大约占人体体重的70%，热、冷、紧张、用力都会使人体流失水分。流失的水分必须及时补充才能维持身体的正常需要，所以在户外最重要的任务之一就是获取足够的饮用水。

039 迷你净水器

迷你净水器是最近几年才出现的"高大上"装备，被广大背包客称为"生命吸嘴"，军方版本称之为"单兵净水器"。

一只迷你净水器可以净化超过1吨的水，能100%滤除大

在户外人可以通过迷你净水器直接饮水

肠杆菌、金葡萄球菌、沙门菌、霍乱菌等致病细菌，能有效降低水中的重金属离子及有机物的浓度。这种净水器可以净化河水、溪水、雨水、湖水甚至尿液等。

迷你净水器携带方便，操作简单，只要把塑料管伸进水中，并将水通过3个过滤器吸上来就可直接饮用。

迷你净水器过滤的水也可以保存在容器中

040 净水药片

净水药片可用于户外任何水体的净化和消毒，从而轻松得到干净的饮用水。

将净水药片放入水容器中摇晃，然后静置，一般4~5分钟就可以完成净化和消毒了。净水药片的消毒效果迅速，且通过银离子可以抑制病毒细菌等的产生，净水保持时间长。一般情况下，一片净水药片可消毒1升的水，如果水质较浑浊可用两片。

使用净水药片来处理水是一种经济、实用、高效的方法。据说全球各国的军方大都采用这种

**青少年营地教育
户外生存标准手册**

方式来处理户外的饮用水。它处理的水量大，能适合很多人的需要，因为药片的不同可以处理不同的水源。现在国内很多户外店都有净水药片出售，价格又不贵，是户外获取饮用水的理想途径。

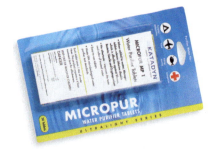

市售净水药片

净水药片放入水容器中摇晃，然后静置，几分钟就可以饮用了

TIPS

净水药片是以化学的方式消毒灭菌，但不能过滤重金属和矿物质（不能使浑浊的水变清澈），而且在杀死有毒细菌同时也会杀死人体内正常的、有用的细菌。

另外，净水药片处理过的水往往会有药品的"附加"味道，可以添加泡腾片或其他果汁粉末来中和。

041 自然渗透法

如果水源的水质浑浊或有异物漂浮,可以在离它3～5米远的地方挖一个大约50～80厘米深、约1米大小的坑,较清澈水就会从砂、石、土的缝隙中自然渗出,然后将已渗出的水取出,存入容器中备用。

河流附近的沙滩适宜用自然渗透法取水

自然渗透法取水

042 简易过滤器

如果水源里有异物、泥沙或有微生物等,周围的环境又不能够挖坑渗透,可找一个塑料袋将底部多刺些小眼儿,或者用棉制织物进行粗过滤。然后,再用底部有小孔的容器(可自制)、细沙、木炭粉再过滤。

以一个可口可乐瓶为例,操作如下:用刀尖把瓶盖扎出一些小孔,然后用刀(小心手)去掉瓶底后倒放,自下向上依次填入2~3厘米厚的无土的干净细沙、木炭粉、细沙、木炭粉、细沙五六层,压紧按实,将水自上慢慢倒入,从瓶子底部流出的水就是较纯净的水。

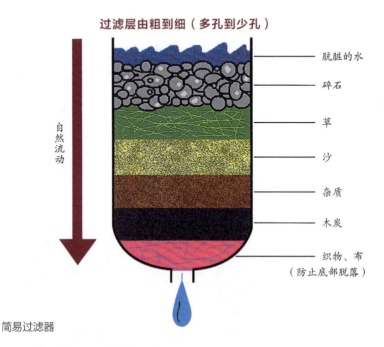

简易过滤器

043 竹子中的饮用水

在靠近热带的丛林中有一种储水的竹子,被称为"直立的凉泉",是极好的饮用水源。这种竹子竹节内的水既卫生,还带有一股淡淡的竹香。

这种竹子通常生长在山沟的两旁,直径约10厘米,青翠挺拔,竹节长约50厘米。选择竹子找水时,应先摇摇竹竿,听听里面是否有水的声响,无水响的竹子不必砍。另外,检查竹节外表是否有虫眼,有虫眼的竹节里的水不能喝。

喝水的方法是将竹节一头砍个洞,将水倒入碗里,也可削一根细竹管插进竹筒里吸。

还可以把一根竹子折弯,将顶端绑在地面上,切开顶端,竹节内的水就会滴下,然后将水收集在容器中备用。

竹节内的水可直接饮用

044 从树干中取水

在野外,还有许多植物可用于解渴,如我国北方的桦树树汁,山葡萄的嫩条,一些植物的根茎;南方的芭蕉树、扁担藤等。

在树干上钻一个深3~4厘米的小孔,插入一根细管,每晚经过这个小孔流入容器中的汁液可达1~2升,可以直接饮用。

树干中的水可通过细管导出

045 塑料蒸发袋

如果找不到能直接供给饮用水的植物,还有一种极为简便的取水方法。

找一个干净的、密封的塑料袋,里面装一块小石子,然后套在树枝上,用绳子将袋口扎紧。树叶蒸发出来的水分就会收集在袋子里,然后冷凝成水,最后聚集在塑料袋的底部。

尽量选择阳光能照射到的树枝。阳光越充足、天气越热,树叶的蒸发量越大,得到的水就越多。如果树叶足够稠密,用这个方法每天可收集1升以上的饮用水。

塑料蒸发袋取水

TIPS

在扎紧塑料袋之前,尽量使其内部充满空气;将塑料袋罩在植物枝叶上,务必清除枝叶上的硬木棍或尖刺,以免塑料袋被戳破。

如果有吸管、麦秸或中空的芦苇秆,在扎紧前插入塑料袋,这样在导出冷凝水时就不必解开塑料袋。

同一个树枝可以用3~5天,之后可以换一丛树枝,以保证收集到更多的水。

046 地下蒸馏器

用这种方法收集饮用水需要一个挖土的工具、一块干净的塑料布以及一个较大的杯子。

首先,选择一个相对潮湿的地点,确保泥土中含有较多的水分。比如干涸的河床或曾经有过积水的低洼处,那里的泥土比较容易挖掘。另一个条件是该地点白天有较多时间被阳光照射。

挖一个深约 1 米的碗状坑,坑口直径约 0.6 米。坑底弄平整,确保能平稳地放下一个杯子。

把吸管打一个松松的结,放置在杯子底部,然后把杯子放在坑中央,周围堆上一些土,使杯子稳定。

将吸管伸出地面,用一块干净的塑料布盖住大坑,边缘盖上

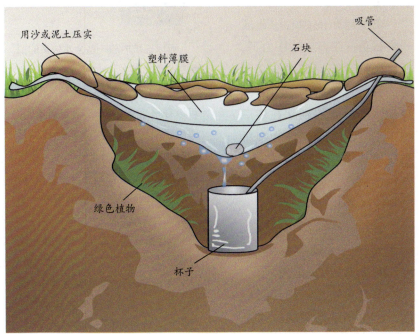

地下蒸馏器结构图

地下蒸馏器

砂石使之固定。

在塑料布的中心位置放一块石头,在石头的压力下,塑料布会下陷而形成一个倒转的圆锥体。调整石头的位置,让圆锥体的顶部在杯子的正上方。一定不能让塑料布接触到坑壁,因为泥土会吸收塑料布上的冷凝水,还可能让杯子中的水变脏。

最后,在塑料布边缘压上更多的土,确保其固定,并且阻止坑内水分散失。

注意吸管在不用时要堵住,防止杯子中收集的水蒸发掉,也可避免虫子爬进去。

TIPS

可以在坑内放一些含水较多的植物来当作水源。

如果怀疑附近的水源被污染了,可以在蒸馏器的边缘挖一圈水沟,将污水引到水沟内。水沟的作用是储存水。污水缓慢渗进坑内,会经过泥土的过滤,然后蒸发成水蒸气,再凝结在塑料布上,最后滴进杯子中,成为饮用水。

这种方法也可以用来净化咸水或海水。

地下蒸馏器收集的饮用水不会很多,至少需要3个类似装置才能满足一个人每天对饮用水的需求。

第三章　获取食物和饮水

第二节　获取食物

人在户外环境生存要满足三个基本要素：水、食物和避身所。水的问题解决之后，食物成为另一个迫切需求。

人在没有食物的情况下可以生存数周时间，但是可能需要几天甚至更多时间来确定哪些食物是安全的以及如何在该地区猎取动物。所以，在被困野外的第一天就应该收集食物，因为在困难环境中人的体力和耐力会逐渐下降，一天不如一天。

047　可食用的昆虫

自然界中有很多种昆虫，它们在世界上很多地方都大量繁殖，是重要的食物来源，而且大多数昆虫用手就很容易捕捉到，包括大的蛴螬（昆虫的幼体）、蝗虫、蚱蜢、蚂蚁以及白蚁等。

昆虫可以通过煎炸、煮、烧烤等方法加工后食用，或者和其他食物放在一起炖，这样味道会更好一点。有些昆虫甚至可以生吃，但有些昆虫可能带有有害的寄生虫，不能生吃。

蝗虫（蚂蚱）

蝼蛄（拉拉蛄）

昆虫不仅含有丰富的有机物质，例如蛋白质、脂肪、碳水化合物，无机物质如各种盐类，钾、钠、磷、铁、钙的含量也很丰富，还有人体所需的游离氨基酸。昆虫体内的蛋白质含量也极高，烤干的蝉含有 72% 的蛋白质，黄蜂含有 81% 的蛋白质，白蚁体内的蛋白质比牛肉还高，甚至有些昆虫全身都是由蛋白质组成的。

其实，昆虫作为人类食物的历史源远流长。世界上许多国家和地区的人都有食用昆虫的习惯。联合国粮农组织在 2013 年发布报告指出，人类可食用的昆虫在全球超过 1900 种，多吃昆虫对身体有很大益处。据不完全统计，我国各地可食用的昆虫约有数十种。下面列出了一些常见的可食用昆虫。

蟋蟀

蝈蝈

蚕蛹

蝉（知了）

白蚁

蚂蚁

第三章 获取食物和饮水

048 可食用的甲壳类动物

这类动物包括生活在淡水和咸水里的螃蟹、小龙虾、龙虾、小虾以及对虾等。所有的甲壳类动物都可以食用,不过淡水甲壳类动物在食用前要煮一下,因为它们可能携带有害的寄生虫。

热带溪流中有很多小虾,特别是滞缓的溪流中。它们或游于水中,或吸附在水中的树枝或植物上。

咸水小虾生活在海底附近的水域中,可以用木棍把它们搅动上来,或者在晚上的时候,用灯光把它们吸引上来,然后用网捕捉。

淡水螃蟹和小龙虾有时栖息在岩石底下长满苔藓的地面,有时在溪水或浅水里游泳。可以用手直接抓,也可以用捞网捞。

很多螃蟹和龙虾是夜间活动的,所以夜间捕捉会更容易。

螃蟹爬着行走,还会挖洞。用捞网很容易就捞到,也可以设陷阱,用鱼头或动物内脏吸引它们。

浅水中的螃蟹

第三章 获取食物和饮水

049 可食用的软体动物

软体动物主要指生活在淡水和咸水里的贝类,如蜗牛、蛤、贻贝、牡蛎、玉黍螺、石鳖以及海胆等。牡蛎和淡水贻贝很像,陆生及水生蜗牛分布世界各地,只要是有水的地方都会有。

北方地区的河流、溪水、湖泊中有很多蜗牛或淡水玉黍螺。这些蜗牛的形状可能是尖头的,也可能是圆头的。

在淡水中寻找软体动物时,要在浅水处寻找,特别是河底为沙质或淤泥的浅水中。寻找它们在淤泥中留下的细细的痕迹,或者隐秘的椭圆形的裂口,那是它们的藏身之处。

在海边,等到退潮时,潮汐留下的小水坑和潮湿的沙子中可能会有一些软体动物。海边的岩石上,或者再深一些的海水中的珊瑚礁上经常会粘着许多贝类。蜗牛和帽贝黏附在岩石水位较低的部分;大一点的蜗牛,也叫做石鳖,则紧紧地依附在岩石水线

在野外潮湿的地方很容易找到蜗牛

以上的部分。

贻贝通常大量聚集在布满碎石的池塘中、圆木上，或者巨石的基部。注意：在夏天，热带地区的贻贝是有毒的。

食用软体动物前应该先将其蒸一下或煮一下，或者带壳烘烤。将它们和绿色植物及块根一起炖，味道十分鲜美。注意：不要吃那些即使水位很高时也没被水覆盖的软体动物。

淡水贻贝

050 可食用的爬行动物

许多爬行动物都是不错的食物来源，而且在世界多数地方都能发现爬行动物。

（1）蛇。所有有毒的、无毒的淡水蛇或陆地蛇都可以食用。在捕蛇时，千万小心不要被蛇咬到，因为有些毒蛇是致命的，甚至即使蛇头被切下，它也会因为条件反射而咬上一口，并注入毒液。

捕蛇的最佳时机是在气温不高也不低的清晨和傍晚。野外任何有覆盖物的地方都可能藏有蛇。可以用石头、枝条或者棍子打死它；或者用一根长的棍子将其头部按在地上，然后抓住它。

抓蛇的时候，将食指放在蛇头的后面，将拇指及中指分别放在蛇头的两边，位于其下颚的后方。必须捏紧蛇的头部，免得它回过头来咬你一口。

（2）蜥蜴。世界各地几乎都发现了蜥蜴，不过在热带和亚热带地区更为多见。所有蜥蜴的肉都是可以食用的，但是有两类蜥蜴，人被咬了之后会中毒，这

蛇肉一定要烤熟后食用

蜥蜴

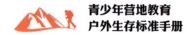

两类蜥蜴是大毒蜥和珠状蜥蜴。它们生活在美洲西南部、中美洲以及墨西哥。

捉蜥蜴时,可以用棍子击打,也可以在棍子的一端系上草或树皮做成一个套索,用套索套住它们。大的蜥蜴要剥皮并去除内脏,然后把肉烤、煮或煎炸。小的蜥蜴可以不必去除内脏,直接用一根棍子从其嘴部穿过,然后放到火上烤。当皮肤起泡或者噼啪作响时,说明已经烤好了。

(3)龟类。鳄龟在躲藏或休息时,会把头朝前爬进岸边的洞里面。找龟时,用穿着鞋的脚去找。找到之后,伸手摸索其龟壳,在龟壳锯齿状边缘的下面是它的尾巴,抓住尾巴,然后把它弄出来。

抓鳄龟时要非常小心,无论是在水下还是在陆地,它们都可能会咬你一口。

051 可食用的鱼类

人在湖泊、小溪、河流、海洋等有水的地方被困,一般不会挨饿,因为绝大多数淡水和咸水中都会有鱼类生存,即便鱼类很少,也会有甲壳类动物、软体动物等其他可食用的水中生物。与陆地动物相比,捕捉水中的鱼类要更快、更容易、更安静,获得的量也更多。只要了解鱼类的生活习性,在一天中的什么时间捕捉它们最好,以及如何捕捉它们,就可以获得丰富的食物补给。关于如何在野外捕鱼,会在后续章节中详细介绍。

绝大多数的鱼类是可以直接食用的,但有一些鱼是有毒的,毒或来自鱼肉中的生物碱,或来自它们吃的有毒食物。远海很少有毒鱼,毒鱼一般生活在岩礁或珊瑚礁、泥质或沙质岸附近。下面一些鱼肉内含有有毒物质:河豚、刺豚、角鱼、刺鱼等。如果这些鱼类是当地产的,可以观察它们吃什么鱼类。北太平洋及北冰洋还没有发现毒鱼的存在,但是杜父鱼的鱼子却是剧毒无比。另外,不要吃在岩石、圆木或礁石上发现的丛状或簇状鱼卵。

第三章　获取食物和饮水

绝大多数的鱼类可以安全食用

052　野外可食用的植物

一般来说，植物是人类食物的主要来源。在自然界中，可以食用的野生植物有很多种，按照分类，主要有可食的野果、野菜、蘑菇、藻类、坚果、树皮、地衣等。

但是有很多的植物是不可以食用的，一旦食用，会产生严重的后果甚至死亡，所以最好还是找自己认识的野果吃，比如野柿子、枣、栗子、野桃。这些水果一般会比市场上卖的小很多，但形状、颜色基本一样，而且味道会好很多。如果这些都没有，就找被动物吃过的那类水果吃，动物知道哪些有毒或者无毒。

下面几张图列出了在我国常见的几种可食用植物。

马齿苋，草本，茎有多数分枝，匍匐地面，全株肉质性

紫云英，草本，茎上有微毛，叶片互生，冬至春季开花，花冠蝶形，粉红色或者紫红色

土人参，全株光滑无毛，茎叶柔软多汁，叶互生，花粉红色，花瓣五片，全株可食用

乌毛蕨，卷曲的幼芽及紫红色的新叶都可以食用

车前草，叶可食，全草及种子均可入药

酢浆草，茎叶可食用，全草可入药

第三章 获取食物和饮水

车轮梅,嫩叶可食用,果实成熟后为紫黑色,可以生吃

勾儿茶,紫黑色为成熟后果实,味甜,红色或青色果实为青涩

菝葜,也称金刚藤,果实成熟后为暗红色,可以食用

柘树,果实近球形,红色,甜且有白色的乳汁

南五味子,直接吃成熟的果实,味微酸

圆叶节节菜,嫩苗开水烫过后即可食用

胡颓子，果实成熟后为红色，可生吃，味道酸甜

迷迭香，叶可食，全草及种子均可入药

地捻，成熟的果实外皮深紫色，果肉酸甜呈红色

悬钩子，果实成熟后可以直接食用

山捻，成熟果实外表乌黑，味甜多汁

第三章 获取食物和饮水

蒲公英，嫩株清洗并用开水烫后即可食用

杨梅，成熟果实可食用

八月瓜，多产于云南，野生果品，果味香甜

猪肝菜，嫩叶部分可食用

栗子，坚果，淀粉含量很高

053 不可食用的菌类

在自然界中,除了生长着大量可以食用的菌类与植物以外,同时也生长着大量有毒的菌类与植物,如果误食了这些菌类与植物是很危险的。有些植物甚至是全身都有毒性,即使只是不小心碰到了它,也可能会引起中毒。误食了有毒菌类与植物后,可能会有不同的中毒症状,有的是引起呕吐、腹泻、极度口渴、盗汗和痉挛;有的会引起肠胃不适、精神错乱、非自主性扭动身体及随时可能出现的昏迷;也有的会引起失眠、体温下降、神经受损或感到眩晕。因此,了解一些有毒菌类与植物是很有必要的。

在众多的有毒植物中,有毒的蘑菇尤其需要重视,因为它们在野外分布较多且不易辨认,很容易被误食。

按照经验,一般认为有毒的蘑菇通常有以下特征。

(1)有毒的蘑菇常有各种颜色,且较美丽;无毒的蘑菇多

有毒的蘑菇通常"颜值"较高,有各种艳丽的颜色

呈白色或茶褐色。

（2）有毒的蘑菇多生长在肮脏、潮湿、有机质丰富的地方；无毒的蘑菇多生于比较干净的地方。

（3）有毒的蘑菇采后容易变色；无毒的蘑菇则不容易变色。

（4）有毒的蘑菇大都柔软多汁；无毒的蘑菇则较致密脆弱。

（5）有毒的蘑菇的汁液浑浊似牛奶；无毒的蘑菇的汁液则澄清如水。

（6）有毒的蘑菇的味道多辛酸苦辣；无毒的蘑菇的味道则很鲜美。

（7）有毒的蘑菇菌盖上有肉瘤，菌柄上有菌环；无毒的蘑菇则没有这些特征。

（8）煮蘑菇时，有毒的蘑菇能使银器具变黑。如果加进牛奶，马上凝固；放进葱，葱会变成蓝色或褐色。

（9）煮蘑菇时，锅里放入灯芯草一起煮，如果灯芯草变成青绿色或紫绿色，证明有毒；如果是黄色，则无毒。

蘑菇的外形、色泽等与其是否有毒并没有必然的联系。以上这些只是一些经验总结，并不是完全可靠的。直到现在，人们也没有找到简单有效的区分有毒蘑菇与无毒蘑菇的方法。

对于没有丰富的野外生活经验的人来说，记住这些经验可以起到一定的鉴别作用。但如果有可能，最好不要轻易地食用任何一种野生蘑菇。

一旦误食有毒的蘑菇，应尽快设法排除毒物，并在第一时间去医院就诊。

下面几张图列出了我国常见的几种有毒蘑菇。

"死亡天使"，极易与可食用的草菇和洋蘑菇混淆

"死亡之帽"，世界上最毒的蘑菇

白毒伞

秋日小圆帽

毒蝇鹅膏菌

第三章　获取食物和饮水

摩根小伞

块鳞灰毒鹅膏菌

细褐鳞蘑菇

鹿花菌（大脑蘑菇）

介味滑锈伞

054 不可食用的植物

地球上植物种类繁多，其中有毒植物的种类多达数千种，一般以豆科、大戟科、百合科、石蒜科、天南星科、夹竹桃科、杜鹃花科和漆树科等为主，另外还有罂粟科、萝藦科、毛茛科、桑科、马钱科、旋花科、石南科和防己科的植物，我们常见的园艺观赏植物中有几十种具有毒性。

误食或接触有毒植物会对人或其他动物的某些组织器官造成暂时性或长期性的伤害，引起局部、全身、急性或慢性的器官或功能的损伤。

一般而言，每种有毒植物其有毒成分存在的位置都不太一样，有些植物整株都有毒，有些只存在于种子中，有些只存在于茎或叶中。对于植物有毒的成分，简单归类以供参考。

1. 毒蛋白

主要存在于植物的种子中，特别是豆科植物的种子。例如鸡母珠、豆薯、蝶豆、孔雀豆、油桐和蓖麻的种子等均含有剧毒的毒蛋白。人或动物误食后会有呕吐、腹痛、腹泻、心跳和脉搏加速现象产生。

2. 生物碱

一般植物都含有生物碱，是植物有毒成分中最大的一类，一般分布在植物的根、茎、叶和果实中。误食含有烟碱、长春花碱或茄碱的这类植物后，除了对人体的神经系统功能造成影响外，给还可能会有致癌或使孕妇产生畸形儿的危险。

3. 配醣体类化合物

夹竹桃科、杜鹃花科、毛茛科、萝藦科、石南科和玄参科类植物都含有配醣体类化合物。人或动物误食后会造成心跳加速，之后心跳缓慢、衰竭、血压降低和呼吸中枢受到干扰而导致呼吸困难，导致昏迷或死亡。

4. 氢氰酸

豆科、禾本科、大戟科、亚麻科、桃金娘科和蔷薇科的植物中氢氰酸含量较高。一般存在于植物的果仁（种子）和幼嫩叶子中，例如梅子或枇杷的种子，以及树薯的块根中都含有氢氰酸的成分。氢氰酸是毒性极强的物质，人或动物误食后，会导致细胞缺氧使得组织器官受损。另外，呼吸中枢也会受到伤害导致患者呼吸困难。

5. 酚类化合物

含酚类化合物的最具有代表性的植物为漆树科，此类植物的乳汁中含有漆酚，具有毒性。当人或动物不小心碰触这类植物的乳汁时，会在接触面处引起瘙痒、灼热、红肿或疼痛的感觉。

6. 香豆素类化合物

香豆素类化合物主要存在于豆科、芸香科、茄科和菊科等植物中。人或动物误食后有些对血液凝固会有抑制作用、细胞组成受影响或是造成脏器的损伤或坏死。

7. 草酸或蚁酸

酸模、荨麻等植物含有草酸或蚁酸。人或动物不慎碰触后会有刺痛、灼热、红肿的感觉。

8. 挥发性油

马鞭草科的马缨丹，其叶片具有挥发性油且有浓厚的味道，对人体或动物眼睛可能会有刺激作用造成流眼泪和不舒服。

9. 酯类化合物

含酯类化合物的典型植物为大戟科植物，将其叶片或茎处折断后，在断裂处会有大量白色乳汁流出，白色乳汁中含有酯类化合物。人或动物不小心碰触其乳汁后，会对碰触者产生刺激性的毒素，致使碰触者的皮肤会有红肿、发炎和疼痛的现象产生。

10. 辛辣味物质

含辛辣味物质的植物如辣椒，在菜肴中添加少许辣椒，可以增加菜色的美味。若是食用太多量时，由于辣椒中含有辛辣味物质，反而会刺激食用者之肠胃而有不适感或腹痛、腹泻的情况产生。

11. 苦味素

苦味素是萜类化合物的一种，萜类化合物在植物体中广泛存在，例如在甜瓜的蒂头处含有苦味素，若大量摄食，将导致患者或动物身体不适，会有呕吐、腹痛、腹泻、心跳急速并且感觉呼吸困难等症状产生。

055 鉴别植物是否可以食用的方法

1. 鉴定植物是否可食用的一般原则

（1）察看：有毒植物大多形状怪，颜色鲜艳或奇特，或者有色斑色纹等。

（2）嗅闻：有毒植物大多气味奇特刺鼻，嗅闻感到或辛辣或闷臭，闻后往往有头晕、恶心或呛人等感觉。

（3）涂抹：稍稍挤榨一点汁液滴涂在体表的敏感部位，如肘部与腋下，如果感觉有所不适，起疹或者肿胀等大多为有毒植物。

2. 初步尝试

通过以上几点，都没有发现异常，则可以进一步测试其可食用性。

（1）放取植物少许嫩叶于口中，用舌头舔尝其味道，是否有苦涩、辛辣及其他怪味，如果有，立即吐出，多为不可食用。

（2）口尝如没有不良反应，则将嫩叶咀嚼，再等 15 分钟观察有什么反应。

（3）15 分钟后如仍没有任何不良反应，则可考虑吞咽一小

夹竹桃，常绿灌木，开桃红色或白色花，其叶、花及树皮均有毒

曼陀罗，茎直立，花筒状，全株有毒，种子毒性最强

第三章 获取食物和饮水

钩吻，亦称断肠草，常绿灌木，夏季开花，其根、茎、叶均有毒

毒芹，根状茎肥大有香气和甜味，花为白色，全株有毒

片嫩叶，看看是否有不良反应，如果感觉难受，赶快用手把东西抠吐出来，然后大量饮水。

（4）如果仍然感觉良好，可以吃少量的植物，再静等几个小时，如果仍然没有不良反应，就可以确定这种植物可以食用。

3. 借助简单手段或工具来辨别

以上是在无任何条件下进行的鉴别，具有一定安全风险，我们可以在一定简单条件下借助一些手段进行测试，进一步降低中毒风险。

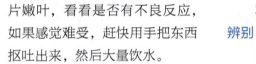

TIPS

1. 白色或黄色浆果类植物大多数有毒性，有一半的红色浆果类植物可以食用，而蓝色或黑色浆果类植物大多可食用。

2. 任何带有乳白色奶状液汁的植物，都不可随便食用，除非你能确认它无毒（如蒲公英）。

3. 有些植物的茎部只结有一颗果实，那么这类植物一般可以食用。

4. 一般情况下，马、牛、羊、骆驼等能吃的植物，人大多数也能吃。

5. 茎叶上有红紫色鲜艳斑纹斑点的植物一般不可食用，除非你能确认它是安全的。

青少年营地教育
户外生存标准手册

（1）将采集到植物割开一个小口子，放进一小撮盐，然后仔细观察伤口是否改变原来的颜色，通常变色的植物不能食用。

（2）用开水彻底煮熟，有大量泡沫的，说明含有皂类物质，不能食用。有异味的也不能食用。

（3）在用未知植物煮出的汤里加入浓茶，若有大量沉淀，说明含有重金属，不能食用。

蝶豆具有亮丽鲜艳水蓝色的蝶形花，其种子不可食用，含有剧毒的毒蛋白

南天竹，全株有毒，中毒症状为兴奋、血压下降、呼吸麻痹等

红花石蒜，也称彼岸花，花很美，全株有毒。食后有流涎、呕吐、四肢发冷、休克，甚至呼吸麻痹死亡

鸡母珠，又名美人豆、相思豆，是豆科相思子属的一种有毒植物，具有很强的毒性，误食时会中毒，严重时甚至会丧命

第三章 获取食物和饮水

第三节 野外捕鱼

在野外捕鱼的方法很多，可以用钓钩，也可以用渔网、陷阱等。钓鱼的关键在于耐心，可以在岸边多下几个钩，提高成功率。渔网是很管用的，不过大的渔网比较重，不便携带，所以不建议使用。如果人手足够，可以考虑带一个渔网，第一天晚上下网，第二天早上就会有许多收获。

另外，尽量多地了解鱼类的生活习性，对捕鱼也很有帮助。

056 制作鱼钩

在野外，如果没有随身携带钓鱼工具，可以就地取材，自己动手制作鱼钩。

大头针、缝衣针、金属丝、小钉子或其他金属材料都可以用来制作简易鱼钩，也可以用木头、椰子壳、骨头、荆棘、燧石、海贝、海龟壳等制作鱼钩，或者将这些东西组合起来制作鱼钩。

利用易拉罐的拉环制作的钓钩

利用木棍制作的吞钩

089

利用木棍和细绳制作的钓钩

057 制作鱼线

可以用吊绳制作鱼线,也可以用植物纤维或者衣服中的纤维来制作鱼线。树的内皮是最好用的纤维之一。用纤维制作鱼线的步骤如下。

(1)将两根线的一端结在一起,结一定要牢固。

(2)一手拿一根线,按顺时针方向拧。

(3)将拧好的两根线按逆时针方向搓在一起。

(4)如果需要,可以增加纤维以增加鱼线的长度。

从大麻、荨麻、马利筋、丝兰以及芦苇中获取的纤维都是很好的制线材料。

用植物纤维制作的鱼线

058 选择钓鱼地点

选择钓鱼地点时，要考虑水域、水域所在地区、季节以及时间等多种因素。

在湖泊或比较大的溪流里，鱼在清晨和夜晚喜欢靠近河岸或浅水区域。

溪流里的鱼经常聚集在水坑或深而平静的水流中、浅滩或小湍滩的底部、水槽尾部、岩石或圆木下面的漩涡中、河岸深陷处、悬于河面的矮树丛投射的阴影处，以及被淹没的岩石或圆木附近。

当河流的主干道水位高涨或变浑浊时，鱼会到支流入口处寻求庇护。

炎热天气的浅水中，鱼会聚集在最深的水坑里，或者有地下水渗出的泉眼处，或者藏身于岩石下面。

温带地区，在凉爽的春季，鱼会游到有太阳照射的浅水区，那里的水比较暖和。

选择钓鱼地点

059 鱼叉捕鱼

如果周边的水域不深（大概齐腰深），而且那里的鱼又大又多，那么你可以用鱼叉叉鱼。用手边的材料制作鱼叉很容易。叉杆可以用一根长的、直的木棍或者一根竹子来做，如果木棍够硬，可以直接将其一头削尖当作矛尖；如果木质不硬，可以在一端绑一把刀、一片尖利的金属或者一根削尖的骨头当作矛尖。如果叉杆是竹子或者较硬的木棍，可以在一端劈开20厘米，在中间插入一块木头使其扩张开，然后将两半削成两个箭头。

选择鱼群聚集或有鱼群经过的水边耐心、安静地等候。发现鱼群后，将鱼叉放入水中并慢慢向鱼靠近，然后用力猛扎。如果击中，一定要将鱼叉在水底，以防止其逃脱，一手持鱼叉，用另一只手去把鱼抓上来。

夜晚在手电筒的帮助下，叉鱼的成功率会更高。灯光可以将鱼吸引过来，光线照射到鱼时，会从鱼的眼睛反射回来，而且手电筒能照亮溪流底部，可以发现并采集其他水生生物。

几种典型的自制鱼叉

第三章 获取食物和饮水

如果身边没有可用的工具，也可以徒手制作鱼叉，如下面几张图所示。

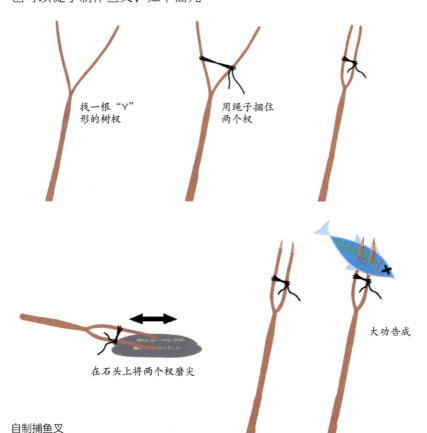

找一根"Y"形的树杈

用绳子捆住两个杈

在石头上将两个杈磨尖

大功告成

自制捕鱼叉

> **TIPS**
>
> 叉鱼时要慢慢涉水，动作必须足够缓慢，以免引起水面的振动。
>
> 将鱼叉放入水中，等几分钟，让鱼适应你的出现并放松警惕。
>
> 尽量靠近目标，鱼叉要一直在水下。
>
> 将鱼叉置于目标上方，要尽可能靠近。

060 鱼的烹饪和储藏

鱼类死亡后会很快腐烂。特别是在炎热的夏天,所以抓到鱼后应尽快准备好食用。

将鱼鳞刮掉,挖出鱼鳃,取出内脏,刮去脊椎下的较大血管,最后去掉鱼头和鱼鳍,就得到了一块鱼肉。

烹饪时,可以将鱼整个叉在木棍上,然后放到明火上烧烤。但最好是将鱼连着皮一起炖着吃,这样可以最大限度地吸收鱼肉的营养,而且还可以得到一锅鲜美的鱼汤。如果条件不允许,也可以把鱼用黏土裹成一个球,

烤鱼

然后埋到火的余烬中,直到黏土变干变硬。最后,把黏土敲碎,就得到烤熟的鱼肉。

吃不完的鱼肉可以储存起来以备不时之需。可以用烟熏或晒干的方法来保存。

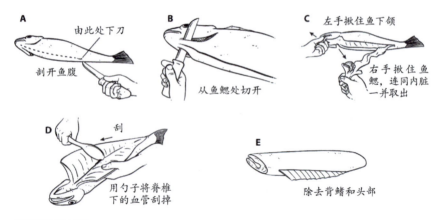

简单的杀鱼过程

第三章 获取食物和饮水

第四节 捕捉小型动物

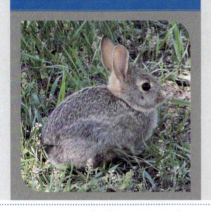

在户外找寻食物时，应该优先考虑以植物为食物，再考虑以容易捕捉到的鱼类或昆虫类动物为食。在万不得已的生存条件下，才可考虑捕捉其他小型动物，而且还要事先了解有关野生动物保护的相关法规，这一点相当重要。

捕捉小型动物的常用办法是套索和陷阱。一旦陷阱设置完成，就可以坐在附近"守株待兔"，直到捕获猎物，避免浪费宝贵的体力。

061 简单的绳套陷阱

捕捉小型动物最简单、最好布置的陷阱是绳套陷阱。

做这种陷阱只需要一根金属线或结实的细绳。用它来做一个套索，当动物试图穿过套索的时候，它们的身体会拉动套索，然后套索缩紧，套住它们的脖子或者缠住它们，或者勒死猎物。

在动物经常经过的"兽径"上布置绳套陷阱。动物经常会在兽径上往返，就很可能会触发陷阱。为提高命中率，可以用木棍或树枝把陷阱四周拦住，引导猎物走向陷阱，尽量不给猎物绕过陷阱的机会。

最简单的绳套陷阱

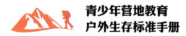

不要在设置陷阱的地点当场准备陷阱部件,而要在别处准备好,带到那里再设置。这样就不容易破坏周围的植被,从而使猎物不易察觉。

绳套由插在地上的两根木棍支撑,另一端在树上系牢

金属线绳套可以用两根细树枝支撑,使绳套保持张开状态

TIPS

当使用陷阱捕捉野兽时，成功的秘诀在于使用很多陷阱来提高命中率。有时候必须设置多个陷阱才能捕捉到一只猎物。

陷阱通常只在动物经过的时候才可能被触发，因此要找一个适当的位置布置陷阱，要观察这个地方是否有动物活动和动物经常经过的痕迹。动物经常走同一条小路回自己的巢穴或者出去玩耍、捕食、喝水，这就使得兽径成为最佳的陷阱布置点，因为动物很可能会从这儿经过。另外一个动物活动的标志是动物的粪便、巢穴和咀嚼过的植物。

另外，在布置陷阱位置的四周必须要掩盖人类的气味。大多数动物的嗅觉都非常敏感，即使是一丁点人类的气味都能引起它们的警觉并绕开陷阱布置区域。可以用泥土掩盖气味，最好用含有腐烂植物的烂泥。另一种掩盖气味的方法是用烟熏。烧一小堆火，加一些绿色植物进去就能制造出大量烟雾，然后拿去熏陷阱。

062 弹性绳套陷阱

找一棵小树或一根较粗的树枝，将其折弯，再将绳套的一端系在小树顶端。猎物被绳套套住后会拼命挣扎，从而触动机关，小树弹起，将猎物吊离地面。

这种方法的关键是制作扳机（a），钩在（b）的缺口上。将（b）竖立钉牢。（a）上端拴在弹性小树顶端，使之绷紧弯曲。

用弹性小树绷紧绳套，可以把猎物弹离地面并吊起，可大大提高捕猎效率。猎物一旦被吊在空中，再挣扎也无济于事，另一方面也减少了其他肉食性动物偷食的可能。

弹性绳套陷阱适用于捕捉中等体型的动物，如野兔、狐狸等。这类绳套陷阱应设在开阔地带，诱饵容易被发现。首选地点为森林中的小块空旷地。

弹性绳套陷阱

063 弹性绳套陷阱的多种改型

通过安装不同的触发装置，弹性绳套陷阱可以变化出多种形式，如下图所示。

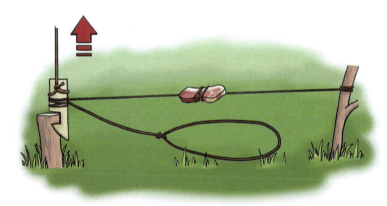

增设了诱饵。绳套躺放在地上，诱饵悬在上方。野兽叼起诱饵的同时，会触动机关

第三章 获取食物和饮水

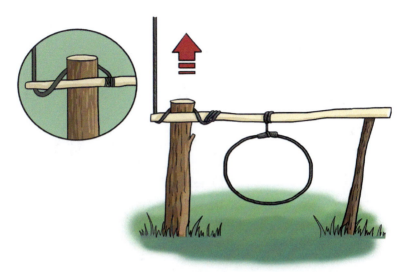

以绳索为开关。横臂一端架在支撑木棍上，另一端被吊绳缠在固定木桩上。当猎物钻入圈套时，横臂从支撑木棍上脱落，从而触发木桩上的绳索开关

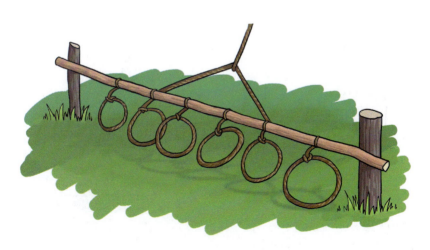

在水平木棒上设置平行的多个绳套，可以控制更宽的路面，提高捕获效率，适用于动物足迹分布较宽的路面

无吊绳,直接将小树的顶端钩在一个木桩上

横臂两端架在支撑木桩的凹槽中

第三章　获取食物和饮水

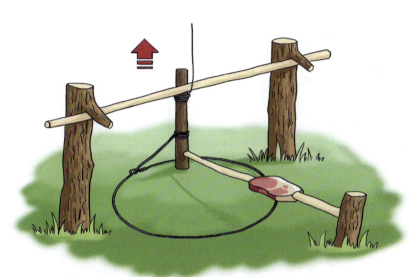

诱饵臂一端插在矮木桩凹槽中，另一端与竖直绳套臂连成肘节。绳套躺放在诱饵下方的地面上。还有一根水平臂两端卡在叉桩上，中间被系在绳套臂上端的弹线卡住，以维持平衡。动物拖动诱饵臂时触动连锁机关，弹线释放，带动绳套将动物吊离地面

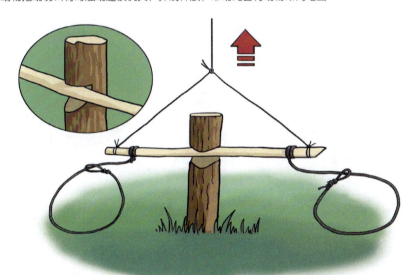

秋千弹性绳套陷阱。这种设置可以同时控制空旷地带相邻的两条踪迹线。横臂两端设置绳套，被吊绳向上吊起，同时被束缚在树桩的∨字形槽口上，以保持平衡

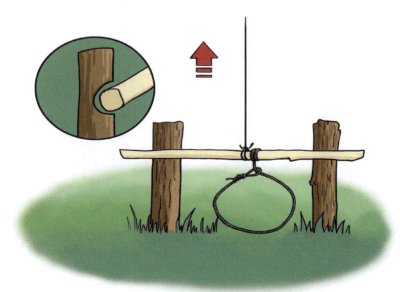

滚轴弹性绳套陷阱。绳套臂横架在两个木桩前侧面的圆槽上，上拉的绳索稍向后倾，以维持平衡。入套猎物在挣扎中将绳套臂从木桩上挣离，被弯曲小树的弹力吊起

两根大木桩钉在地上，横臂与垂直诱饵臂通过凹槽相互连接，诱饵臂上端被吊绳拉起维持平衡。绳套末端也系在诱饵臂上。猎物啃食诱饵时可触发机关

064 落石陷阱

这种方法是利用落下的重物压住猎物。重物可以多种多样，但必须有足够的重量以杀死猎物或使其立即失去活动能力。

制作这种陷阱需要三根刻槽的木棒。这些槽使木棒在张紧状态下保持4字形状，并且木棒之间要求紧密配合。

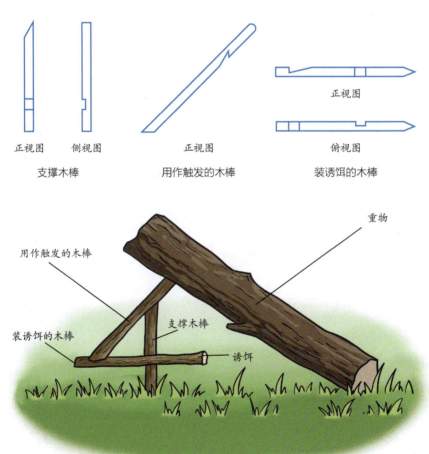

4字形落石陷阱

青少年营地教育
户外生存标准手册

设计精巧的 4 字形落石陷阱

第三章　获取食物和饮水

065　派尤特（Paiute）陷阱

这种方法由北美派尤特（Paiute）印第安人发明并使用，是一种高效的原始陷阱，也是一种非常实用的户外生存技能。

这种陷阱与4字形落石陷阱相似，只是多了一根绳子和一根绊棒，其优点是比4字形落石陷阱更容易制作。

将绳子的一头系在斜棍的底部，另一头系在一根长约10厘米的木棒上，即绊棒。将绳子在垂直的支撑木棒上绕半圈，使绊棒与支撑木棒垂直。将诱饵木棒的一端抵在重物上（或一根打入地下的木桩上），另一端抵在绊棒上。当野兽啃食诱饵时，诱饵木棒掉落，释放绊棒。斜棍再也无力支撑重物，重物落下，压住猎物。

派尤特陷阱

066 制作一张弓

在户外制作一张临时使用的弓比较容易。

首先选择一根直木棍,长约1.2米,直径在2.5～4厘米之间,注意棍子上不能有树结或较大的分叉。

剥去树皮,仔细刮(削)。较粗的一端多削一些,使其与较细的一端拉力相当。中间一段刮光滑即可,作为坚固的手柄。

木棍的两端各切一个槽口,以利于绑紧弓弦。

用鱼线、铁丝或其他结实的绳索充当弓弦。

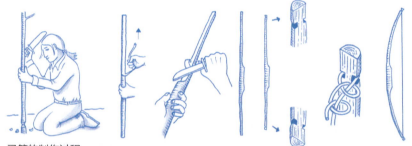

弓箭的制作过程

户外自制弓箭

TIPS

加工木棍时，切记要切削拉开弓时面对自己的那一面，否则弓很容易被拉断。

干枯的木棍比新鲜的木棍更有韧性，更适合做弓。

为了增加拉力，可以在弓背面对面地绑另一张弓（从侧面看呈X形）。将两张弓的两头用绳子绑住，但只在一张弓上绑弓弦。

067 制作箭

选择最直的木棍作为箭杆。先剥去树皮，再用小刀（或锋利的石头）抛光，尖端削成箭头。箭头可以火上烘烤或埋在燃烧后的灰烬中，烘干水分使其变硬。也可以用骨头、玻璃、金属或尖利的石片嵌入木棍当作箭头。

在箭杆尾部开槽以便将其安放在弓弦上。一定要切或锉出槽口，不能劈裂。

如果条件允许，可以在箭尾装上羽毛以提高箭的飞行性能。

箭尾装上羽毛可提高飞行性能

箭的制作过程

第四章
绳索的制作和应用

- 第一节　绳索的应用技巧
- 第二节　绳索的制作
- 第三节　户外结绳方法

第一节　绳索的应用技巧

在户外活动的备用装备中,绳索占着极其重要的地位,最好在包囊里放上几根不同直径不同长度的绳索,它会给户外活动带来很大的便利,也会给户外活动带来一定的安全保障。

在户外要选择最经济实用的绳索,并且掌握一些简单实用的结绳技巧。

068　行李打包

参加户外露营活动时,虽然睡袋、羽绒服、外衣等装备很轻,但体积很大,需要装进专用的行李袋中,然后再用绳子绑起来。捆绑这类柔软的装备时,外科结是最好的选择。

给行李包打结时,绳头互相缠绕两圈后,必须尽可能地拉紧绳索。因为外科结的绳结即使放手也不会松散,所以可以拉得相当紧,然后再做第二次的缠绕即可。这个绳结也适合用来捆绑帐篷、铺垫等东西。

行李打包方法

069 绳索末端打结固定

露宿荒野时，一条绳索会成为有力的好伙伴。把绳索的两端绑在树干或石头上，再铺上塑料布之类的东西，便构成了简易的避难所。

单结　　　　　　双半结　　　　　　樵夫结

将绳索末端在树干打结的方法

利用称人结将绳索末端绑在石头上。这种方法可以固定帐篷，防止被风吹跑

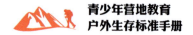

070 绳索中部打结固定

在建造围栏、搭设帐篷或者制作绳梯时,经常要把多根木棍连接在一起。这时,就需要在绳索中部打结固定。常用的绳结是环绕结。

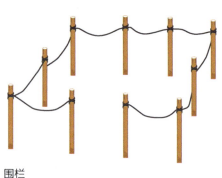

围栏

绳梯

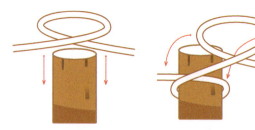

一根绳索绑多根木棍常用的环绕结

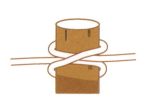

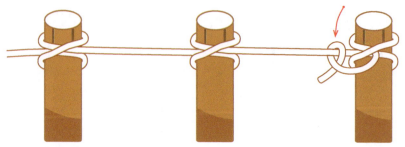

为了避免绳结脱落,最后一根木棍的绑法

071 爬下悬崖的结绳法

在没有绳索保护的情况下，攀登或爬下悬崖是十分危险的。借助一端牢牢固定在悬崖上的绳索，从陡峭的悬崖爬下才比较安全。首先，要在悬崖上端找到牢靠的套着点，一块岩石或一棵树都可以，但必须保证能承受身体质量且不会磨断绳索。

借助绳索爬下悬崖时，绳子长度要大于悬崖高度的两倍。下崖以后，绳索才可以从一端扯下来。如果绳子不够长度，就只能在一端打一个活结，活扣上再拴一根辅绳。人从主绳索降下后，一拉辅绳，两根绳子就会同时掉下来。

> **TIPS**
>
> 借助绳索攀登或爬下悬崖也可能会出现危险。如果没有经过训练，不要轻易尝试，除非迫不得已时，或者有专家陪同和指导。

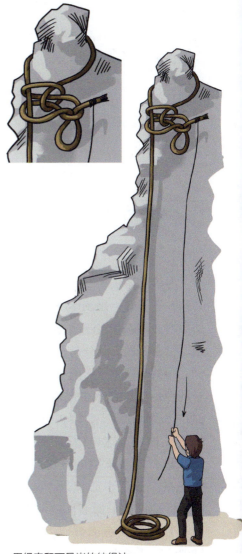

用绳索爬下悬崖的结绳法

第二节 绳索的制作

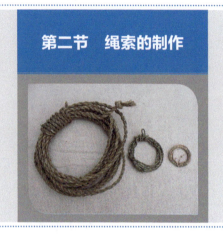

在户外生存过程中,绳索的用途数不胜数,如庇护场所中的材料固定,攀登或爬下悬崖以及设置网套捕猎等。制作绳索的传统用料包括大麻纤维、椰子果纤维、树皮以及兽皮等。总之,绳索可由纤维多且柔软的材料制成。将丝丝缕缕的纤维结合在一起,就能制成足够强度和长度的绳索。

072 制作绳索的材料

1. 荨麻

荨麻的茎皮纤维韧性好,拉力强,光泽好,是制作麻绳的优质原料。荨麻在我国南方以及陕西、甘肃等地广泛分布。

寻找一些生长时间长、茎干长的荨麻,放在水中浸泡24小时,然后铺在地上,用表面光滑的石头捶击。这样做可使外表面撕裂,内部丰富的纤维就会露出来。然后小心梳理,除去肉质,悬挂在干燥通风的地方。晾干后,将外表面剥除,将纤维"纺"成长线,然后打辫编成或搓成结实的绳索。

2. 棕榈

富含优质纤维,叶子、树干和叶柄都可使用,它的果皮在工厂里用来制绳和编席。

3. 夹竹桃

茎部富含优质纤维,且易于加工。

4. 树皮

尤其是柳树树皮,含有高质量的纤维。通常取材于新长成的小柳树树皮。死去的柳树内皮及树枝内皮也可以使用。但如果柳树枯死已久,那么大部分树皮或许都已腐烂,故使用前应先试试纤维的强度。

5. 树根

许多树木生长于地表的根部可用于制作绳子。根部通常柔软且结实。

6. 叶子

百合科等植物,特别是芦荟,叶子富含纤维。可撕一半叶子试一试,如果可分成一层层细线,则证明其纤维可用于制作绳子,但要先将其浸泡在水中,除去肉质部分。

7. 灯芯草、蓑衣草和禾本科植物

这些植物在新鲜时就可使用。当然,尽可能用纤维较长的种类。

8. 动物肌腱

动物肌腱常被用来将某些东西捆在一起。使用时必须潮湿。

荨麻植株

荨麻纤维

荨麻纤维制作的绳子

灯芯草

柳树树皮

073 手搓绳索

（1）制作单股细绳。将一些植物纤维拧在一起用手搓（按一定方向，而且要保持旋转的方向始终一致）。当需要增添纤维时，使其末端错开。

（2）制作好两根细绳，将它们的末端固定在一起，用左手捏住。把两股细绳放在一个较平的地方（腿上比较方便），用右手继续搓，使其足够紧密。

（3）左手松开绳头，两股细绳自然缠绕后，再用右手搓几次，使其更紧致一些。

（4）重复以上步骤，直到搓成所需的绳长。

把植物纤维用手搓成单股细绳

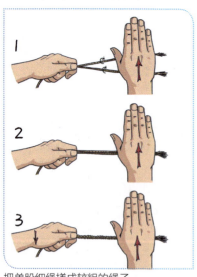

把单股细绳搓成较粗的绳子

如需加长，必须错开线股，添加新的纤维

TIPS

手搓绳索的注意事项

1. 制作绳索时,每股纤维的粗细应相当,并且每股纤维自身也应保持粗细均匀。如果每股粗细不匀,则绳子搓好后,细的部分在受力时容易拉断。

2. 要使绳索更粗,也可将已制作好的绳索作为其中一股,重复以上方法即可。

3. 制作较长绳子时,可以将完成的部分缠在树干上,这样手搓的长度就会变短,更方便施工。

4. 绳子的末端必须用某种方式固定好,以防散开。

074 编草绳

(1)用刀将茅草从根部割下,均匀分成两半,然后将其中的一半首尾方向对调。

(2)再将两半茅草合在一起,混合均匀。这样会使编出的草绳受力更加均匀,也更结实。

(3)取一小撮茅草,在一边打上结,这样它们就不会再散开了。

(4)将这一小撮茅草均匀分成两股,打结的一端固定好(可用脚踩住),然后两只手将它们向同一个方向拧,同时尽量保持两边扭转的频率一致。

(5)松开固定端,两股茅草就变成了一股草绳。

(6)这一撮茅草快编完的时候,你可以再拿出一股,然后将其头部紧紧地编入草绳中固定住,这样就可以任意延长草绳的长度了。

(7)长度足够时,在结束的地方打上一个结。

为了美观,还可以用小刀将表面多余的草都切掉。这样,一根编好的草绳足以承受10千克,绝对结实耐用。

第三节 户外结绳方法

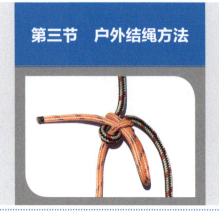

对于从事户外活动的人们来说，结绳法是一定要学会的技巧之一。能够灵活运用一条绳索，在行动上更方便，也更安全。

结绳的方法有成百上千种，但没有必要要时间去记下很多结绳方法，只需熟练使用其中的几种就足以应付各种状况。

075 单结

单结是所有绳结的基本结构，其最简单的使用法是在绳子上打一个结。单结的使用范围相当广泛，可以用来作为绳栓、防止滑动，或是在绳子末端绽线时作为暂时的固定，防止其继续脱线等。

只要稍加技巧，单结会衍生出多种变化，可以将两根绳子连接，也可以做成圈套。

将绳端与绳子相交，穿过绳环，就打成了一个单结

076 多重单结

增加缠绕次数（2~4次），可以打成较大的多重单结。为了不让结打乱，必须边打结边整理。这种结用在作为绳子的手握处，或是当绳子要抛向远处时加重其力量。

第四章 绳索的制作和应用

增加缠绕的次数，就可以结成更大的多重单结

077 活索

一种简单的圈套结。拉紧绳子的前端即可做成一个圆圈。圆圈中间没有任何东西。一拉绳子，即可将结解开。

活索是一种易结易解的简单绳套

078 双重单结

将绳子对折后打一个单结就是双重单结。这种结绳方法的主要用途是避免使用绳子的损坏部分。假如绳环部分有损坏，绳子两端拉紧时，由于绳环并不受力，所以整根绳子仍是安全的。

即使拉紧绳子两端，绳环部分也无法受力

079 连续单结

这是在紧急逃脱时（比如爬下悬崖）使用的绳结。其特征是在一条绳子上连续打多个单结。打法虽然简单，但不熟练的话，结与结之间很难做到间距均匀。

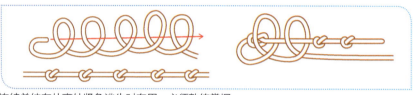

连续单结在从高处紧急逃生时有用，必须熟练掌握

080 渔人结

渔人结也称为英式结、英人结、拖曳结、水结，常用于连接细绳。在两条绳子上各打一个单结，然后将其连接起来。虽然结构简单，但强度较高。也可以使用在不同粗细的绳子上。渔人结不适用于太粗的绳子，也不适用于容易滑动的化纤材质的绳子，有时很容易就脱开了。

双渔人结是多一次缠绕后打成的结，如此更可以增加其强度。这种结用于连接两条绳索，其缺点是结形较大。

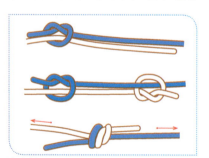

渔人结

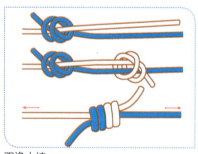

双渔人结

第四章 绳索的制作和应用

081 8字结

8字结的最明显特点是打好后会呈数字8的形状。其主要作用是固定防滑,除了攀岩时常用外,户外生活的各种场合也少不了它。

8字结常用的两种打法分别适用于较粗绳索和较细绳索(如下图所示),简单、易记。其特征在于即使两端拉得很紧,依然可以轻松解开。

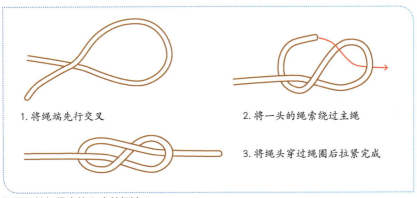

适用于较粗绳索的8字结打法

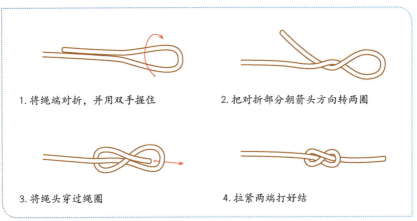

适用于较细绳索的8字结打法

082 滑 8 字结

滑 8 字结是把 8 字结变化成活结的形状,而且只要一拉绳索的末端,就可松开绳结。在绳索的末端留下足够的长度后打个 8 字结,再把绳头穿过圆环后,拉紧便完成。只要拉开绳头,就可解开绳结。

滑 8 字结

083 连续 8 字结

连续 8 字结和连续单结一样,方法是在同一条绳索上连续打多个 8 字结。因为 8 字结的结很大,所以在户外紧急避难时可以发挥更大的作用。

在绳索上排多个 8 字形状,注意间距要基本一致。接着,把末端的绳头穿过所有绳圈后,一条连续 8 字结便打完了。连续 8 字结的诀窍是从最先穿过末端的绳圈开始打结。

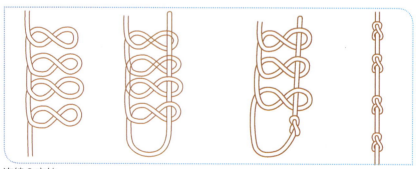

连续 8 字结

084 双重 8 字结

双重 8 字结其实是一个固定的绳圈。只要将绳索对折后打个 8 字结，便形成双重 8 字结。

在绳索中部打个 8 字结，然后将绳头顺着结目从反方向穿过绳圈，同样也可以完成双重 8 字结。这个打法可以将绳索打在其他物品上，十分方便。

由于双重 8 字结具备耐力强、牢固等优点，在安全方面非常值得信赖，经常在登山时作为救命绳结使用。不过，美中不足的是双重 8 字结的绳圈大小很难调整，而且当负荷过重，绳结被拉得很紧，或是绳索被水浸湿时，绳结很难解开。

把对折的绳索直接打个 8 字结，用力拉紧后做成绳圈，如下面第一张图所示。

利用双重 8 字结可将绳索连接其他东西，如下面第二张图所示。

绳索对折后打成的双重 8 字结

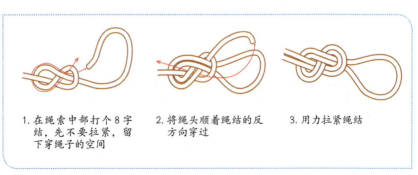

1. 在绳索中部打个 8 字结，先不要拉紧，留下穿绳子的空间　　2. 将绳头顺着绳结的反方向穿过　　3. 用力拉紧绳结

反向穿绳子打成的双重 8 字结，可将绳索与其他物品相连

085 接绳结

接绳结用于连接两条绳索，打法简单，拆解容易，适用于不同材质、不同粗细的绳索，安全可靠程度相当高。当两条绳索粗细不一时，打的时候必须先固定粗绳，再与细绳相连。接绳结的打法有两种，分别如下图所示。

1. 将两条绳索垂直交叉

2. 左手捏住交叉部分，右手捏住细绳在粗绳上缠绕一圈

3. 右手放开细绳，抓住粗绳并对折

4. 粗绳对折后将绳头穿过细绳绳圈

5. 左手握紧粗绳（固定），拉紧较细的绳

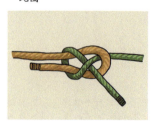

6. 两手用力拉紧，完成接绳

接绳结的打法一

第四章　绳索的制作和应用

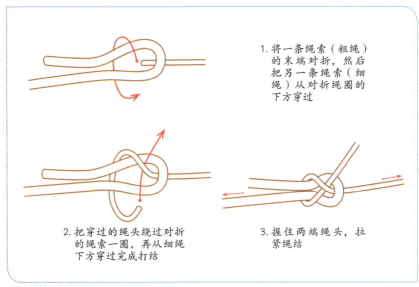

1. 将一条绳索（粗绳）的末端对折，然后把另一条绳索（细绳）从对折绳圈的下方穿过

2. 把穿过的绳头绕过对折的绳索一圈，再从细绳下方穿过完成打结

3. 握住两端绳头，拉紧绳结

接绳结的打法二

接绳结常用于连接两条不同粗细的绳索

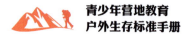

086 滑接绳结

滑接绳结是使接绳结末端变成活结的打法。即使绳结被拉得很紧，仍然可以轻松解开。

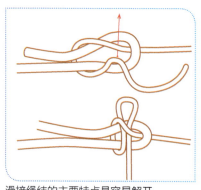

滑接绳结的主要特点是容易解开

087 多重接绳结

接绳结时，绳索（细绳）多绕一圈，可以增加绳索的耐力与安全性，这就是双重接绳结。如果绳索多绕两圈，双重接绳结便成了三重接绳结。采用多重接绳法时，切记在细绳末端预留缠绕的长度。

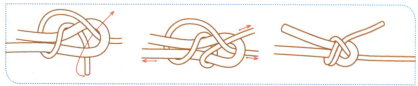

多重接绳结可以更牢固地连接两条绳索

多重接绳结

088 平结

平结也称为基本结,用于连接同样粗细、同样质材的绳索;但是不适用于较粗、表面光滑的绳索。平结若没系紧,便会松开;若系得很紧,则很难解开。因此,平结很少用来连接两条绳索,而是用在完成后不需解开或是连接同一条绳索两头的时候。

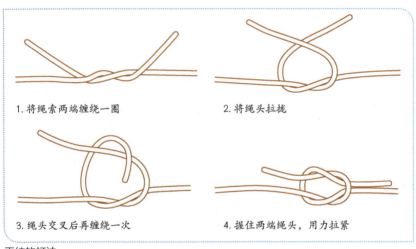

1. 将绳索两端缠绕一圈
2. 将绳头拉拢
3. 绳头交叉后再缠绕一次
4. 握住两端绳头,用力拉紧

平结的打法

TIPS

在平结进行的第二次缠绕时(上图第3步),如果缠绕方向错误,就会变成外行平结。外行平结的耐力不强,一用力拉就会脱开,是错误的结法,必须避免。

平结的错误结法

089 拉结

拉结是平结的一种变化,其特点是很容易解开。

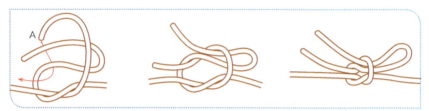

图中标为"A"的绳头一拉动,绳结就会解开

拉结

090 蝴蝶结

蝴蝶结也称为船首结,日常生活中出现的频率相当高,在绑鞋带时就经常使用。蝴蝶结两端的绳头一拉就会解开。

蝴蝶结

091 外科结

外科结是外科医生在进行手术缝合伤口时所打的结。外科结也可以应用在连接两条绳索的时候。它比平结牢固结实，不用担心是否会散开，适合使用细滑的绳索。外科结的缺点是不易解开。

外科结的特征是在平结最初的缠绕上多加一圈。如果在第二次缠绕时又加一圈的话，不但耐力会增加，而且绳结也会变得当整齐美观。

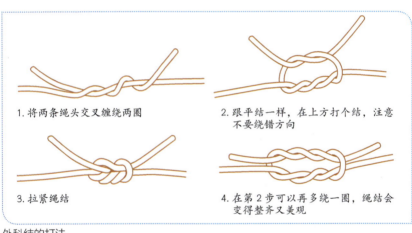

外科结的打法

外科结

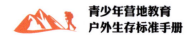

092 双半结

双半结是两个半扣结的结合，耐力很强，即使把绳索拉到极限，双半结也不会松散，而且工作完成后双半结可以很容易解开。利用绳索绑系物品时，双半结简易且实用，在露营等户外活动中应用十分广泛。

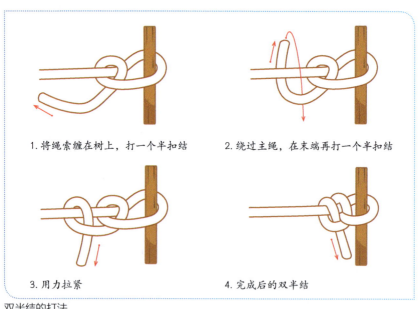

1. 将绳索缠在树上，打一个半扣结　　2. 绕过主绳，在末端再打一个半扣结

3. 用力拉紧　　4. 完成后的双半结

双半结的打法

093 樵夫结

樵夫结是半扣结的加强版，也称为系木结或乡人结。打一个半扣结之后，再把剩下的绳头在绳圈上缠绕两三圈的结就成为樵夫结。

樵夫结适合用来架帐篷，在树上绑吊床或绑晒东西的绳索。其优点是简单牢固，即使用力拉扯，也不会散开。需要注意，樵夫结并不是一个十全十美的绳结，尤其在看重安全性的场合，它不是很好的选择。在使用樵夫结时，可以在完成后再加一个半扣结加强保障，适合用来搬运细长物体。

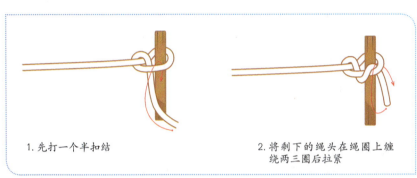

1. 先打一个半扣结

2. 将剩下的绳头在绳圈上缠绕两三圈后拉紧

樵夫结的打法

樵夫结

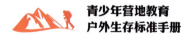

094 连钩结

要将帐篷或遮阳篷的绳子绑在木桩上时,连钩结是最适合的绳结。连钩结也是半扣结的变化之一,它的特点是借助绳结的移动来调整绳索的长短。此外,连钩结不仅容易完成、容易拆解,而且十分牢固。除了搭帐篷和遮阳篷之外,要想让绳索保持在拉得极紧的状态时,连钩结是非常适用的绳结。

打连钩结的方法如下图所示。

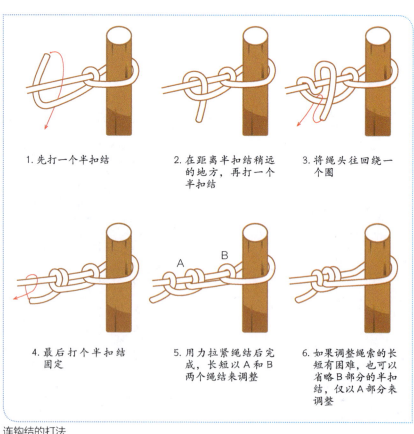

连钩结的打法

095 双套结

双套结也称为丁香结、卷结，其作用是将绳索捆在其他物品上，金属等易滑物品也适用。双套结的打法和拆解都很容易，它的特征是具备极高的安全性。双套结的打法有多种，可针对不同情况灵活使用。就此而言，它是个非常实用的绳结。

不过，如果只在绳索的一端用力的话，双套结可能会乱掉或松开。为了避免这个缺点，双套结通常应用在两端施力均等的物品上。另外，在双套结完成后再打一个半扣结来加固，就可避免绳结松开。

打法一：普遍使用的打法，把绳索卷绕在其他物品上，如下图所示。

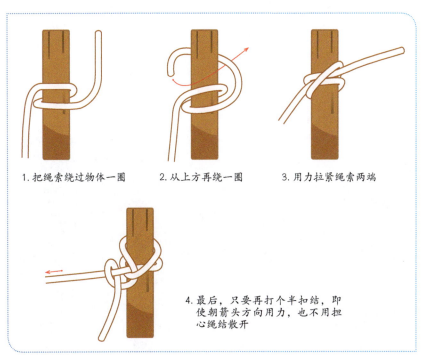

1. 把绳索绕过物体一圈
2. 从上方再绕一圈
3. 用力拉紧绳索两端
4. 最后，只要再打个半扣结，即使朝箭头方向用力，也不用担心绳结散开

双套结的打法一

打法二：做两个绳圈，将之重叠后套进物体上便完成双套结，如下图所示。

要将绳环套住物体时，这个方法是极快速又方便，而且可以从绳索的中部开始打结。

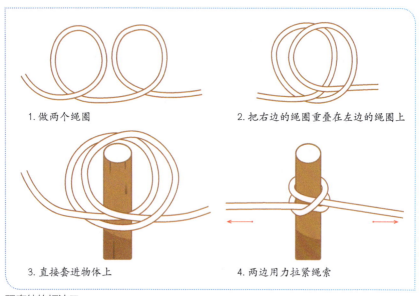

双套结的打法二

双套结

096　杠杆结

杠杆结是将绳索绑在其他物品上的绳结。它和双半结、樵夫结等绳结一样，可以用在树木之间连起绳索，或用来绑帐篷绳。此外，当绳索易滑或绳头太短难以着力时，杠杆结可以在绳索上打一个绳结当成把手，或者在绳结完成后再加上一个棒状的把手。

杠杆结的缺点是如果绳结没有用力拉紧的话，会有自动松开的危险。由于杠杆结的打法和拆解都十分容易，尽管有一些缺点，它的应用范围仍然相当广泛，是在户外活动时常用的绳结。

1. 把绳索绕在树桩上，再将绳头在绳索上缠绕一圈
2. 把绳圈扭转，做成一个小绳环
3. 将绳头穿过绳环，拉紧绳结

杠杆结的打法

097　苦力结

苦力结也称为背纤结。以前使用人力移动拖引重物时，常用此结做成好几个绳圈，再把绳圈套在手腕或肩膀上用力拉，因此得名。

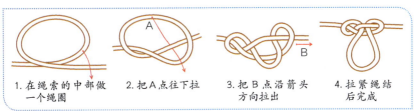

1. 在绳索的中部做一个绳圈
2. 把A点往下拉
3. 把B点沿箭头方向拉出
4. 拉紧绳结后完成

苦力结的打法

098 中间结

中间结又称为工程蝴蝶结、架线工结。它和苦力结一样,也是在绳索中间打绳圈的绳结。不过,就牢固与安全性而言,中间结更好一些,而且几乎不必担心绳结会松散。此外,容易解开也是它的特征之一。中间结经常用在登山时绑在中间的人身上,此时只要做个大绳圈套在中间人的身上即可。同时,也可以在一条绳索上利用中间结做成数个小绳圈,这样可以用来装吊手提灯之类的东西,用途广泛。中间结有两种打法,如下图所示。

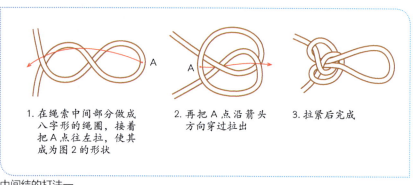

1. 在绳索中间部分做成八字形的绳圈,接着把A点往左拉,使其成为图2的形状
2. 再把A点沿箭头方向穿过拉出
3. 拉紧后完成

中间结的打法一

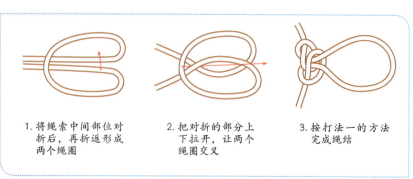

1. 将绳索中间部位对折后,再折返形成两个绳圈
2. 把对折的部分上下拉开,让两个绳圈交叉
3. 按打法一的方法完成绳结

中间结的打法二

099 缩短结

缩短结可以把过长的绳索缩短；或是当绳索中的一段出现磨损而不能使用时，缩短结也可以派上用场。缩短结的形状只是把对折的绳圈用半扣结固定而已，不论打法或拆解都相当简单。缺点是如果用力过大，绳结可能会自行松散。为了解决这个问题，可以考虑使用双套结代替半扣结或者是在左右两边的绳圈套上小木棒等方法。

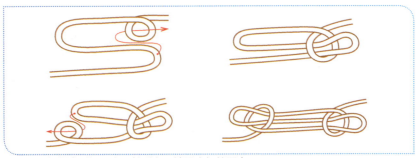

打法一：把绳索对折两次，然后在两端用半扣结固定

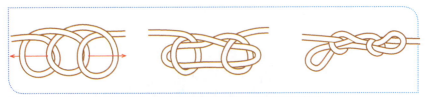

打法二：做成三个并排的绳圈，把中间的绳圈穿过左右两绳圈后拉出

打法三：补强缩短结。如上图所示，利用双套结或在左右的绳环内插入棒状的物体

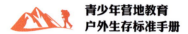

100 水结

水结常用于连接两条同样粗细的绳子,是一种简单且结实的结。在攀岩活动中称为环固结。将一条绳子的两端用这种方法相连接,即可做成吊索。这种结主要适用于连接扁平的带子。

水结的打法十分简单,在一条绳子的前端打一个单结后,另一条绳子逆着结形穿过前面一条绳子的圆圈即可。虽然结形可以打得小而漂亮,但是得注意有时会松开。所以在绳子末端一定要留下4~5厘米的长度,并且需将结牢牢打紧。

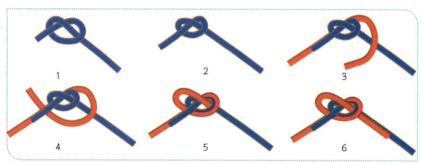

在一条绳子的末端打一个单结,尾端要留下充分的长度;然后将另一条绳子从前一条绳子的末端开始,顺着结形逆向穿过,末端留下一定长度后,用力打成一个结

水结常用于连接两条扁平的带子

101 称人结

称人结也称为普林结或船缆结,是最受欢迎的结绳法,因此被称为绳结之王。称人结用途广泛,不管是上山或是下海,在各项体育活动,甚至各行各业或是在日常生活当中都频繁使用。

称人结是当绳索系在其他物体或者是在绳索的末端结成一个圈时使用。它具有以下特征。

(1)易解易结。称人结的构造非常简单,很轻松就能打好。即便悬挂重物,打结处变紧,也可轻易解开。

(2)安全性高。无论悬挂多重的物品,也无需担心会松开。它甚至可承受一个人坠落的重量。

(3)用途广泛,变化多端。仅仅使用一个称人结,就可以应付多种状况。另外,称人结还可衍生出多种不同变化,使它的应用范围更加宽广。

绑系船缆时经常会用称人结

称人结最基本的打法如下图所示。

1. 在绳索的中间打一个绳环

2. 将绳头穿过绳环的中间

3. 绕过主绳

4. 再次穿过绳环，拉紧后完成

称人结的打法

102 单手完成称人结

在户外求生时，有时会迫不得已用单手来结绳。例如，落水时，一只手要抓住救命的绳索，同时用另一只手将绳索系到腰上；在登山时，要将绳索系在安全吊带上，或是直接将自己系在固定岩石上，都需要单手结绳。单手完成称人结是一项基本技能，要不断地练习，做到正确无误地结好。

1. 用右手握住绕过身体腰部的绳索末端

2. 交叉绳索

3. 反扭手腕绕过

第四章　绳索的制作和应用

4. 如图所示，形成右手在绳环内的形状

5. 用指头将绳头绕至主绳

6. 抓住绳头，直至右手从圆圈中抽出来为止

单手完成称人结的方法

103　调整称人结的绳圈大小

在自己身上系绳结的时候要灵活调整绳圈大小，用下面这种方法打称人结就能方便调整。

1. 将原先绕过腰部的绳子形成一个圈圈，用左手穿过圈圈并抓住绳子

2. 保持原来的姿势，之后把左手伸出来，并取出部分的绳索

3. 如上图所示，将绳头穿过去

4. 朝着箭头的方向拉

5. 左手握原来的部分；右手握住前端，稍微拉一下。调节大小之后，再用力拉紧

调整称人结的绳圈大小

104 滑称人结

称人结的特征是易结又易解，而滑称人结更容易解开。只要在结好的末端轻轻一拉，就能够滑顺地解开。

这种结法在吊运物体或是由上往下垂吊时，是相当方便的。

不管物品多重，结系得多紧，仍能轻松地解开。但是这种结法不能在作为救生索这种直接系在人身上时使用，万一中途松开，非常危险。

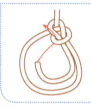
1. 在绳子的末端留下足够的长度，打上称人结

2. 将绳头如箭头的方向所示，将结拉紧

滑称人结的打法

105 变形称人结

这种结法是在称人结打好之后处理末端的方法，主要运用在攀岩等危险的活动中。用称人结缠系物体的时候，如果不想让它脱落，一般的原则是在绳尾处加以处理。变形称人结并不需要末端的处理，无须担心它会松开。

1. 打完称人结后，在末端留下足够的长度

2. 将绳头在大绳环上绕一圈，再按箭头方向通过小绳环

3. 将打结处拉紧并整理好

变形称人结的打法

106 双环称人结

将一条绳索对折就成了两条，结法和称人结完全相同。

双环称人结的特征是可以结出两个大小相同的绳圈。在紧急救助或高空作业时，人可乘坐在上面，但不能用在失去意识的人或负伤者的身上，因为他们无法靠自己的力量抓住绳索。另外，绳圈的大小要适合人乘坐，太大或太小都不行。

如果必要，使用相同方法可以结出三层的圆圈。

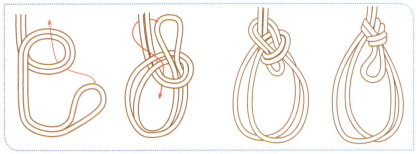

除绳索对折外，双环称人结的结法与基本称人结的结法相同

双环称人结常用于紧急救助

107 活称人结

这是一种可以自由变换绳圈大小的绳结。将物体放入绳圈中，一拉绳子就可以很容易绑起来。虽有很多类似的结法，但是活称人结除了构造简单、坚固又易解等优点外，还能轻松地松开绳圈。

活称人结可以用于狩猎和吊送物品。

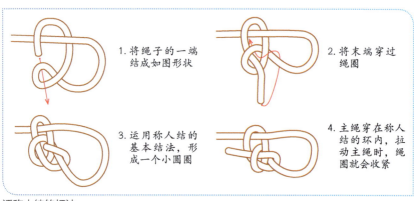

1. 将绳子的一端结成如图形状
2. 将末端穿过绳圈
3. 运用称人结的基本结法，形成一个小圆圈
4. 主绳穿在称人结的环内，拉动主绳时，绳圈就会收紧

活称人结的打法

活称人结

第四章 绳索的制作和应用

108 双称人结

双称人结可用于多种场合,如急难救助、高台工作等,最主要的用处是在危急时刻吊运人员。

和双环称人结相同,双称人结也是结出两个绳环,同样使用重叠的绳索来打结。双称人结可以结出两个大小相同的绳环,也可以调整出两个大小不同的绳环。

结出同样大小绳环时,可以将两条腿分别放入绳环中,如下页 A 图所示,使绳索在胸前交叉,即使放开双手也是很安全的,对救助失去意识的人或是要用两手工作的人来说相当便利。

如果是两个大小不同的绳环,身体可以坐在较大的圈里,而将较小的圈套在腋下使用(如下页 B 图所示)。

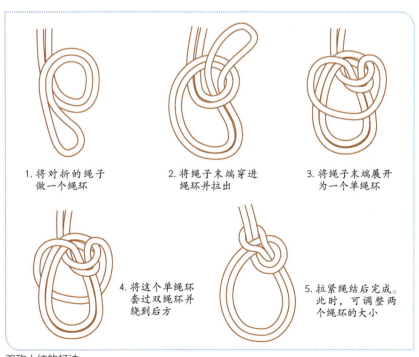

1. 将对折的绳子做一个绳环
2. 将绳子末端穿进绳环并拉出
3. 将绳子末端展开为一个单绳环
4. 将这个单绳环套过双绳环并绕到后方
5. 拉紧绳结后完成。此时,可调整两个绳环的大小

双称人结的打法

A图：两个同样大小的绳环套住双腿，再将绳索在胸前交叉后，即使放开双手，人也不会翻转

B图：大小两个绳环分别套住身体的不同部位，双手不用拉住绳索也是安全的

109 葡萄牙式称人结

这种结绳法来源于葡萄牙的水手，因此得名。

葡萄牙式称人结可以结成两个或更多个绳环，绳环大小可自由变换。这种结法的缺点是即使绑紧了，绳环的大小也容易改变。

和双环称人结或双称人结一样，葡萄牙式称人结也经常在吊运人员或重物时使用。

1. 按称人结的基本方法来打
2. 再结一个绳环
3. 按箭头方向将绳头穿过
4. 将打结处拉紧。如拉一个绳环，则另一个绳环就会缩小

葡萄牙式称人结的打法

110 西班牙式称人结

西班牙式称人结也形成两个绳圈，也可用于吊运人员和物品。在国外，船员及消防员必须学会这种结法。

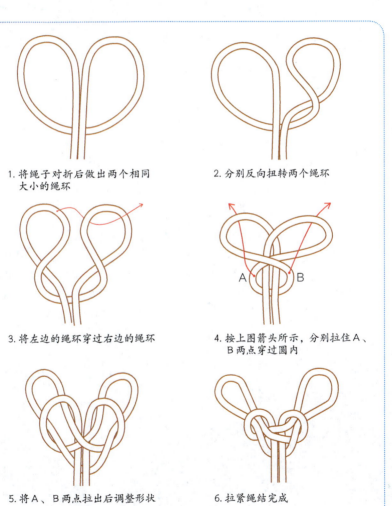

1. 将绳子对折后做出两个相同大小的绳环
2. 分别反向扭转两个绳环
3. 将左边的绳环穿过右边的绳环
4. 按上图箭头所示，分别拉住A、B两点穿过圆内
5. 将A、B两点拉出后调整形状
6. 拉紧绳结完成

西班牙式称人结的打法

第五章
户外营地生存

- 第一节　沙漠营地生存
- 第二节　丛林营地生存
- 第三节　雪地营地生存

青少年营地教育
户外生存标准手册

第一节　沙漠营地生存

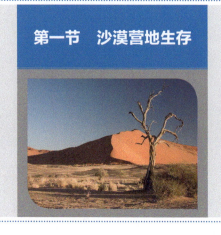

沙漠的主要特征是空气干燥，终年少雨或无雨，气温变化剧烈，昼夜温差可达50摄氏度以上，地面最高温度可达60~80摄氏度。因此，沙漠生存的基本要求是：带足饮用水，学会找水的方法；夜行晓宿，切不可在烈日下行动；学会寻找食物的技能；掌握发出求救信号的方法等。

111　什么是沙漠

沙漠全称沙质荒漠，主要是指地面完全被沙所覆盖、植物非常稀少、雨水稀少、空气干燥的荒芜地区。沙漠地貌大约占据了地球陆地面积的三分之一。

1. 沙漠气候

沙漠地区气候干燥，雨量稀少，年降水量在250毫米以下。有些沙漠地区的年降水量更少至10毫米以下（如位于我国新疆的塔克拉玛干沙漠），但是偶然也有突然而来的大雨。沙漠地区的蒸发量很大，远远超过当地的降水量；空气的湿度偏低，相对湿度可低至5%。

沙漠地区的气温变化很大，平均年温差一般超过30摄氏度；日温差变化极为显著，夏秋午间近地表温度可达60~80摄氏度，夜间却可降至10摄氏度以下。沙漠地区经常是晴朗天气，万里无云，风力强劲，最大风力可达飓风程度。

2. 沙漠植物

尽管沙漠中的植物分布比较稀薄，但是也有很多品种，大多是抗旱或抗盐的植物。为了抵御干燥的气候，有些植物

第五章 户外营地生存

在根、茎、叶里存水;有些植物具有庞大的根茎系统,可以达到地下水层;有些植物(如仙人掌)的根是广而浅,可以大范围地吸收水分。

梭梭是沙漠中独特的灌木植物,广泛分布在我国新疆和内蒙古西部的沙漠地区,平均高达

胡杨是我国沙漠地区的一种著名植物

在我国沙漠地区广泛分布的梭梭

151

2～3米,有的高达5米,根系能深入地下十多米的地下水层,被称为"沙漠植物之王",寿命可达百年以上。

3. 沙漠动物

由于食物来源匮乏,因此沙漠中的动物种类较少。生活在沙漠中的动物为了抵抗恶劣的自然

沙漠中的蜥蜴

我国西北沙漠中的骆驼

条件，要比其他地方的动物付出更多的努力，除了对付天敌的捕食，还要应对炎热天气和水源缺乏的威胁。

沙漠中的昆虫或爬行类动物体表长有外骨骼或鳞片以减少水分的流失。鸟类、昆虫和啮齿类动物能排出固体的尿酸或浓尿，以减少对水分的需求；蜥蜴和蛇白天埋在沙中或躲在洞穴内，以避免干旱和高温。骆驼身体机能非常独特，可以连续好几天不喝水。为了保留水分，骆驼开始流汗前，体温会提高很多，以减少出汗量。骆驼以粗糙坚韧的沙漠植物为食，凭借储存在驼峰里的脂肪能存活相当长的时间。

4. 沙漠水源

沙漠地区严重缺乏地表水，但在有绿洲的地方，很可能会找到丰富的水源，或是河流，或是地下泉水。

沙漠中的绿洲大多背靠高山，面对沙漠。高山上的多年冰

流经沙漠地区的河流

雪，在夏天融化成雪水，汇成一条条河流。河流到达沙漠地区后，因为沿途渗漏和蒸发，逐渐隐藏到地下的砂石之中，成为地下水流。世界上只有几条大河流经沙漠，如埃及的尼罗河、我国的黄河和美国的科罗拉多河。

沙漠地区偶尔也会下雨，并且常常是暴风雨。下雨时，平常干的河道会很快充满水，容易发生洪水。

如果水源足够，沙漠里会形成季节湖，一般水深较浅，水质较咸。

我国甘肃省西部沙漠中的月牙泉，有"沙漠第一泉"之称

112 在沙漠中面临的主要危险

1. 恶劣的气候条件

沙漠的气候特点很多，比如晴天多，阳光强，干燥，夏季热，昼夜温差大，风沙多等。其中的关键是"干"。因为干，云雨少，日照多，阳光强；因为干，天上没有云彩，不能挡掉部分阳光，地面没有水分，无法蒸

发降温，太阳晒到地面的热量，全都用来加热了大地和空气，所以夏季温度特别高，昼夜温差特别大。

沙漠白天的高温是强烈的太阳辐射造成的。而沙漠里的中午，地面上的温度究竟有多高呢？在我国新疆的沙漠地区，70摄氏度的温度是常见的。在吐鲁番盆地南部沙丘的表面，曾经测得温度高达82.3摄氏度。

在沙漠地区，太阳一落山，因为大气中没有云雾，极少有水汽，地面冷却散热的速度也十分快。因此，沙漠干旱地区的日夜温差也特别大。在夏季，平均说来，午后最高气温和清晨最低气温之间，可以相差15～16摄氏度左右。

沙漠里的四季，和同纬度其他地方也有很大不同。我国东部地区，因为是季风大陆性气候，春、秋季节本来就短；然而在沙漠地区，春、秋更短；因为沙漠地区太干了，没有水分调节。春季里气温直线上升，秋季里气温

沙漠气候的主要特点是干燥和炎热

直线下降,春、秋两季加起来也只有3个月左右,而冬、夏季节格外地长。所以有人说:在中亚干旱地区,一年只有两季:西伯利亚的冬季和撒哈拉的夏季。沙漠气候中的温度变化是世界各种气候中最为极端的。

2. 中暑和脱水

沙漠中最大的危险不是毒蛇和蝎子,而是中暑和脱水,因此要竭力避免这种事情发生。

在沙漠里,中暑和脱水的情况一旦发生,几乎就是不可控制的,因为一个已经中暑晕倒的人会失去自救的能力。中暑的后期表现是体温过高,从而导致晕眩,甚至昏厥。但在初期,它可能只是一些轻微的不适感,比如恶心、头晕、小便发黄、失去力气,这种不适感必须要引起足够的注意。

一旦觉察到丝毫中暑的迹象,绝不能抱着侥幸的心理继续坚持走下去。无数沙漠遇难者的例子都说明,那样做是很不明智的。应该迅速找到一处阴凉的地方,停下来让身体降温,同时通过休息恢复体力。实际上,在沙漠中行进时,当气温高过37摄氏度时,随时有中暑的可能,并且暴露在烈日下的时间越长,中暑的危险性就越高。

在沙漠中发生中暑和脱水的状况是极其危险的

第五章　户外营地生存

沙尘暴

3. 迷失方向

沙漠广阔平坦、植被稀少，人在沙漠中行进时因景致单一，缺乏定向的方位物而容易迷失方向。

人在沙漠中一般不会走直线，通常向右偏。一般人的左步较右步稍大几毫米，因而行进中不知不觉便转向右方。步行者通常约以3千米~5千米的直径走圆圈，即俗话说的"鬼打墙"。

4. 沙尘暴

沙漠地区长时期、大范围的晴空万里、骄阳似火，使得沙漠处于异常高温之下，造就了超大规模的高温上升气流。这种气流干燥而又强大，它迅速向高空上升，把地面沙粒、尘埃带上天空，产生扬尘；它的迅速上升又使得地面附近形成大规模的负压区，势必促成大量空气前来填补，于是导致了地面的大风暴，继而可能会酿成灾难性的沙尘暴。

沙尘暴来临时，漫天飞舞的沙粒、尘埃遮天蔽日。天空如同夜晚那样昏天黑地。地面上的碎石被刮得满地跑，打在脚踝上皮破血流，甚至发生骨裂、骨折；沙粒刮在脸上像针扎般的疼痛，甚至扎破皮肤而渗出血来。

一旦发生沙尘暴，人和骆驼必须迅速转移，避开可能从天而降的沙尘，以免遭到被风沙掩埋的厄运。如果避让不及时，就会非常危险了。

113　在沙漠中寻找饮用水

沙漠生存首先要掌握找水的方法，而在沙漠中寻找水源是困难的，特别是在沙漠腹地。即便找到水源，大多也是盐碱水，未经处理难以饮用。一般来说，进入沙漠地区的人员，主要靠自己携带足够的饮用水以维持生命，但也不能携带太多，以总携行量不超过5千克为宜，以免过度消耗体力。

在沙漠中跟踪动物的足迹，常常可以找到水源。或是根据植物判断，如生长着芦苇的地方一般1～5米以下就有地下水；芦苇生长茂密的地方，地下水在地表下1米左右就有；有芨芨草生长的地方，地下水在地表下2米左右就有；生长着柽柳等灌木丛，通常地表下6～7米深处有地下水；有胡杨林生长的地方，地下水距地表5～10米左右。

此外，牧民废弃的牛羊圈可能有水源。凡是有水井的地方，牧民会在附近堆石块作为标记。

在有湿沙或苦咸水的地方，为获取可饮用的淡水，可挖一个直径1.5米、深1米的沙坑，上面覆一层透明洁净的塑料薄膜，

沙漠中的水井

第五章　户外营地生存

沙漠中有植物生长的地方比较容易找到水源

四周用石块或沙子压牢，再在塑料薄膜中间放一块小石头，使之呈漏斗状。在这个漏斗状的薄膜尖端下面预先放一个接水的容器。阳光透过塑料膜使湿沙坑中的水汽蒸发，水蒸气遇到塑料膜结成水滴，顺漏斗状的塑料膜滴入容器中。据试验，这种简易的太阳蒸馏法，每天可产生淡水约 1.5 升。

冬天时，沙漠气温一般都在零摄氏度以下，盐碱水可以结冰淡化。用小容器灌满盐碱水，待有 2/3 的水结冰后，将余下的水弃去。如果冰块仍有盐味，可将其融化后再结冰至 2/3 的水量，余下水弃去。一般经过再次结冰后的水已淡化，可以饮用。

TIPS

在沙漠缺水的情况下，水的合理饮用极为重要。应该采用"少量多饮"的方法。试验证明：一次饮 1000 毫升水，其中 380 毫升由小便排出；假若分 10 次喝，每次 100 毫升，小便共排出 80～90 毫升，水在人体内就能得到充分利用。每昼夜喝水 500～600 毫升，在 5～6 天内对人体不会带来过多伤害。

另外，喝水时一定要小口喝。也可以在嘴里含一小口水，这样空气经过水的降温再进入肺部后，可以减少肺部的水分流失。

114　沙漠中的个人防护装备

沙漠中的个人防护装备包括衣物、鞋子、安全装备、技术装备、夜间休息时的露营装备等。

1. 衣物

（1）因为沙漠风沙大，细沙较多，日照强烈且昼夜温差大，所以准备衣物时要考虑"防风、防晒、透气排汗、保温"这几点。

（2）准备冲锋衣或者雨衣，以防遇到雷雨天气。另外，最好带一件材料坚韧且透水的衣服，必要的时候用来包住植物，捣碎了取水喝。

（3）穿着上最好按照暗色内衣＋浅色外套的穿法，除了防晒外，还能可以保证空气流通，而且可以防止汗液在短时间内迅速蒸发而造成脱水。

（4）皮肤外露的部分如手部、脸部，可以用湿巾等将手套、头巾打湿后包在头上，可以有效降温，减少汗液蒸发。

2. 鞋

鞋子要考虑"隔热、防沙"的性能。在沙漠中行走，尤其是背风坡，一脚踩下去就可能会陷到小腿，高帮的登山鞋可以把进入鞋子的沙量减到最小。

进入沙漠前一定要准备好足够的防护装备

3. 安全装备

（1）登山包。如果长时间在沙漠徒步，登山包是必须准备的。一则可以收纳很多东西，二则可以使肩膀均匀受力而不致受伤。

（2）腰包。腰包可以用来放指南针和小水壶以及其他小物件。

4. 技术装备

（1）登山杖。合理使用登山杖可以使双腿省力30%。

（2）劳保手套。劳保手套可以保护手掌不会被荆棘或者其他植物的刺刺伤。当然也可以使用露指手套。

（3）塑料袋。塑料袋既可以装垃圾，又可以装电子设备。沙漠的沙子很细小，特别容易钻到手机或相机里，需要时刻把电子设备装在单独的塑料袋里隔绝沙子。

（4）驱蚊药。沙漠绿洲里的蚊子很多，所以还要准备驱蚊药。

5. 露营装备

（1）帐篷、睡袋、防潮垫等露营装备。

115 沙漠中的补给物资

1. 水

沙漠极度缺水，所以在补给方面应优先考虑饮用水，但也不能带太多。古时候行军打仗有"千里不运粮"的说法，意思就是千里之外运的粮食就已经不够人和骡马消耗了。背着50斤水流了40斤汗，是没有意义的。应根据自身情况以及路程合理配重，一般情况下带4升水就可以了。

在徒步过程中流汗较多，电解质也流失较多，在这种情况下大量饮水会引起水中毒，所以也要准备电解质饮料。

2. 食物

优先考虑碳水化合物（淀粉类）和糖类食物，因为这两种食物在消化过程中消耗的水分较少。不建议带蛋白质类食物（肉类），因为人体消化蛋白质需要消耗大量的水分。当然，如果能解决饮用水的问题，建议带上肉食，毕竟肉比饼干好吃得多。

116　其他必要装备

（1）点火设备。无论什么情况下出行，最不能忘记带的就是点火设备，镁条或者打火机均可。

（2）过滤水的装备也是必需的。

（3）刀具。一把适用的刀不但可以帮你猎取食物，也可以防身。

（4）如果时间超过4天，还要经过无人区，一定要带一些食盐，如果是腌制的肉类就更好了。

（5）指南针或GPS（全球定位系统）定位装备以及地图。

（6）由于在沙漠中要遵循"夜行晓宿"的原则，所以头灯和手电必不可少，而且要带上备用电池。

（7）准备一些治疗中暑、晒伤的药品。

在沙漠徒步旅行的必要装备

第二节 丛林营地生存

丛林中具有茂密的植被和多种多样的动物,人们可以在丛林中欣赏美景、享受自然风光,但同时也要注意丛林中隐藏的风险。由于植被茂密,人在里面很容易迷路。丛林里危机四伏,有蚊虫、毒蛇甚至还有豹和虎等猛兽。

懂得如何在丛林中生存是每个人都需要知道的常识,也是一种本能。

117 丛林生存的指导原则

说到热带丛林,总会有很多关于毒蛇、猛兽的恐怖传说,给人们心理上造成很大的影响。然而,热带丛林中的野兽极少主动攻击人类,对人真正的危险却来自昆虫。其中,许多昆虫可传播病毒,使人生病。抗日战争时期,中国军队远征缅甸,因丛林中蚂蟥、蚊虫的叮咬而引起的破伤风、疟疾、回归热等传染病,致使数万名士兵牺牲。

研究丛林生存,首先要克服心理影响,了解什么是真正的危害。在丛林中行动,应穿长袖衣和长裤,扎紧袖口、领口,皮肤暴露部位涂搽防蚊药。在鞋面上涂驱避剂或肥皂,可以防止蚂蟥往上爬。不要在潮湿的树荫和草地上坐卧。为了防止毒蛇的袭击,行进中可用木棍"打草惊蛇",同时也应注意树上有无毒蛇。遇到成群的毒蜂时,切勿惊慌,应就地蹲下,用雨衣遮住皮肤暴露部位。在遭遇毒蜂攻击时,伸出双手,沉住气,一动不动,伪装成一棵树,可避免毒蜂的攻击。

热带丛林中藤蔓竹草交织,

经常需要使用砍刀开路行进。横的植物挡道应"两刀三段,拿掉中间";直的"一刀两段,拨开就算"。茅草丛地,草深而密,其间还有不少刺棵,面积大,砍伐不便。用砍刀开路的方法是:"不过头,两边分,从中走;不见天,砍个洞,往里钻。"藤草要砍根部,然后用刀或手将藤、草两边分开压倒。所用的刀最好是弯刀,刀把要长。开路的特点是:"刀磨快,把握好,三砍两拨就成道。"

在丛林中行进,依照一个确定的方向做直线运动非常重要。若无指南针,可利用长时间吹向一个方向的风或迅速朝向一个方向飘动的云来确定方向。迎着风、云行走,或与其保持一定的角度行进,可在一定时间内保证循着直线前进。

丛林中的动物有不少都栖息在树上,对人类十分警觉,没有武器很难猎取。而热带丛林中一年四季中都有可食的野果、野菜。如椰子树、面包树、木瓜树、芒果树的果实既易识别也易摘取生食。若无识别可食野果

丛林中的野兽极少主动攻击人类,真正的危险却是来自并不起眼的昆虫

第五章 户外营地生存

在热带丛林地带宿营一定要注意蛇类,如果不小心惊扰到它,有可能会伤人

的经验,可仔细观察鸟和猴子选择哪些野果、干果为食。一般来说,这些食物对人体是无害的。

在热带丛林地带宿营,应搭建较严密的遮篷,以防虫蛇的侵扰和暴雨。通常,遮篷可设置在便于排水的高地。在天气闷热时,高地上常有凉爽的微风。在丛林中可充分发挥创造性,利用树木、竹、藤、茅草、芭蕉叶并结合雨布、蚊帐等就便器材,搭成各种形式的遮篷。基本的方法是:先撑棚架后盖顶,围墙铺床同时行,最后挖出排水沟,铲除杂草把地平。搭建遮篷的材料应选用新砍伐的质地坚硬的树木枝干,因为枯木很快就会腐烂,而且往往有各种昆虫蛰伏。芭蕉叶或棕榈叶可用来铺盖篷顶。

在热带丛林中露宿,注意不要捣破黄蜂窝。要清除营地四周的杂草,周围挖一道排水沟,并且撒一层草木灰,以防虫蛇爬入。床铺应离开地面30~50厘米。若打地铺,可用树枝、树叶或细竹铺垫,尽量不要用杂草。临睡前先在地上敲打,清除爬上的昆虫。醒来时,应首先仔细查看身体周围,否则附近若有蛇或昆虫会被突然的活动惊醒。还要注意保持清洁,所有垃圾必须及时掩埋。因为只要有一丁点的油脂,就有可能把蚂蚁引来。蚂蚁又会将蜥蜴引来,而蜥蜴又会将蛇引来。注意不能用火烧鱼骨头,这种气味也会将蛇引来。

丛林地带吊床非常适用,而且简易的吊床制作也极方便。帆布、毛毯、被单以及渔网都可以制作。吊床的两端拴在两棵树上,上面再拉一根绳子,搭上方块雨布,四角用绳子系牢,便形成一个防雨的"帐篷"。

118 在丛林中寻找水源

在极限情况下,人如果缺水最多可以存活3天,所以一定要尽早找到水源。切记,无论多么口渴,都不要饮用不洁净的水,以防病菌通过水进入体内。这在热带丛林尤其重要。除非万不得已,一定要将水煮开再喝。

丛林中最好的水源就是山泉,不过通常找到山泉的概率非常渺茫。注意观察周围的鸟类,因为它们通常都会在水源附近飞翔。

流动的小溪水是第二最佳选择。不过要注意,直接喝小溪里的水有可能会生病,但当处于命悬一线的情况下,就不要考虑那么多了。

热带丛林中有一种储水的竹子,这种竹子通常生长在山沟的两旁,直径约10厘米,竹节长约50厘米,青翠挺拔。选择竹子找水时,应先摇摇竹竿,听听里面是否有水的声响,无水响的竹不必砍。另外,检查竹节外表是否有虫眼,有虫眼的竹节里的水不能喝。喝水的方法是将竹节一头砍开一个洞,将水倒入碗中,也可削一根细竹管插进竹筒里吸。

在我国云南省有一种扁担藤,形似扁担,通常缠绕在树干上。藤长约5~6米,藤面

第五章　户外营地生存

呈灰白色，叶色深绿，叶面宽约3～4厘米，呈椭圆形，比一般树叶稍厚。砍断藤子后，可以看到条条小筋的断痕，并很快就会流出可供饮用的清水。

另外，清晨的露水也可解一时之需，可以用衣服接住露水，然后从衣服的布料中吮吸水分。

丛林中最好的水源就是山泉

流动的溪水也是较好的水源，但不宜直接饮用

竹节里面往往有干净水源

扁担藤

119 寻找或者自制避难所

在丛林中，如果没有一个可以栖身的地方，就会完全暴露在各种危险之中，还有低温或中暑的风险。如果穿的衣服不合适，那么在第一时间找到避难的地方就更加重要了。

丛林中到处都是植物，有各种工具和原料，既能找到栖身之处，又能生火（一堆火可以使人温暖、驱散野兽以及发送救援信号等）。在丛林中可以因地制宜建造避难所。

（1）找一棵倾斜或倒下的树，周围用树枝围起来，形成A字形，在树枝上盖上灌木、树叶以及其他植物。

（2）利用灌木或绿枝来避雨、挡风、挡雪、形成树荫等，尽可能将避难所的各个方向都密封好。

天然山洞

第五章　户外营地生存

(3) 山洞是个很好的选择，不过要确保这个山洞没有被熊、蛇或者其他凶猛的动物占据。

(4) 如果正在下雪，就建造一个雪洞，雪是很好的隔热材料，能让人感到很温暖舒适。

(5) 确保栖身的地方不会过于隐蔽，以至于任何人都找不到。

(6) 不要花费过多的精力搭建一个完美的栖身地，否则会精疲力竭，没有精力完成其他工作。

用树枝搭建的庇护所

120　找到安全的食物

大部分成年人在适宜的温度下即便不进食也能存活较长时间。健康地饿着总比吃了不安全的食物病倒了要好得多，所以在吃东西之前一定要确保它是安全的。如果吃了不安全的东西还降低了生存的能力，那就是双重损失了。总的来说，在丛林中饥饿并不是大问题。

（1）别抗拒吃小昆虫或小虫子。吃蚂蚱听起来虽然让人难以接受，但毕竟它能给身体提供一些营养，况且，某些昆虫的蛋白质含量远高于牛肉。所有昆虫在吃之前一定要烹饪熟，否则携带的微生物有可能会致病。不要吃毛毛虫、颜色鲜艳的虫或者任何会叮咬动物的昆虫。吃之前把昆虫的脚、头、翅膀都拔掉。

（2）如果靠近水源，鱼类是个不错的选择，小鱼可以整条吞食。

（3）不要吃任何蘑菇或菌类，不管多饿都别吃，饿着总比中毒好。丛林中许多的菌类，尤其是白色的菌类，大多是有毒的。

丛林中能找到的食物很多，但要注意安全，对有疑问的食物坚决不吃

121 丛林生存的其他注意事项

- 进入丛林前最好带上打火机和火柴等生火装备，否则就需要用"原始"方法生火了。首先要找到足够的燃料（干柴、树枝等可以轻易点燃的材料），然后可以利用太阳的热量，通过放大镜、镜片、一块碎玻璃、手表或指南针的外盖或者其他能够聚光的物品来生火了。也可以尝试钻木取火，但这种方法是非常困难的，所以还是带齐能生火的东西比较稳妥。
- 防水夹克的袖子可以用来盛水。
- 在丛林被困时最好在原地等待救援，假如实在不能等，也不要随意朝一个方向乱走，就算觉得这个方向是正确的也不要这么做。可以尝试往山上或者山下走。往山上走很可能会找到一个有利位置，看清自己的方位。而往下走可能会找到水源，在很多情况下沿着河水往下游走就会找到村庄。不过，千万不要在晚上或在浓雾时这么做，因为有的时候水会直接流下悬崖，而顺着河边走有可能会跌进峡谷，即便不会摔得粉身碎骨，峡谷的崖壁也是非常陡峭，找不到出路的。
- 如果天气寒冷，身体已经接近低温症边缘，千万不要睡着，睡着意味着死亡。
- 在丛林一个最重要的生存工具是金属杯（或锅），没有它就无法煮东西吃。
- 丛林的夜间温度普遍偏低，受冻的概率很大，所以一定要待在干燥的地方，打起精神。不要大面积接触地面，用树枝、树叶或者其他东西叠起来做"床"，用相似的东西盖在身上。在夜晚想要保持温暖的话，可以用石头来烧火，烧热之后垫在身下，不过，这种方法也不太舒服，而利用太空毯来保暖就容易多了。
- 雨雪和露水是很好的净水来源，杯子、防水布料、大片

青少年营地教育
户外生存标准手册

在丛林中遇到河流，可以沿着河水向下游走，很可能会找到村庄

树叶等，都可以用来盛水。
- 在丛林中很容易迷路，如果不能确定自己的位置，也不知道该如何回到原来的地方，千万不要到处乱闯，移动得越多，找到回去的路的概率就越小。
- 腰带也能用来作固定绷带（不要固定得太紧），或者捆绳也可以。
- 切记，哪怕是很小的伤口，如果没有妥善处理，都有可能感染病菌，甚至引起死亡。
- 如果计划探索一片艰难或不熟悉的丛林区域，一定要设置后备计划。详细的地图、导航、充足的水和食物以及可以用来做记号的设备，例如镜子、旗子甚至卫星定位系统等，都能挽救生命。
- 需要救援时，可以把亮色的衣物（夹克、头带、甚至内衣裤）系在树上来吸引救援人员的注意力。
- 不妨带一根登山杖，如果没有的话，任何拐杖大小的棍子都可以。它在地上戳下的小痕迹能帮助找到来时的路。
- 一定要带着指南针进入丛林中。记住自己是从什么方向进入丛林的。比如你是从一条直

第五章　户外营地生存

最好带着指南针进入丛林

路进去的，那么万一迷路时沿着直路返回就可以；如果没有指南针，那就学习如何根据星星和太阳的位置来判断方向。

- 不要喂食任何野生动物，有可能会因此丧命，即便是一只小兔子也不行，因为它很可能会召唤其他更多动物到你栖身的地方。
- 如果想钓鱼，可以用一根棍子做成大约 2 米长的鱼竿，用刀将外皮切下，在顶部做个记号。把一根绳子系在顶上，绳子另一端固定住鱼钩，还可以在钩子上钩上一些肉、昆虫或者其他用来当诱饵的东西。
- 一定要把外出的具体信息告诉给最少两个人，要去什么地方、和谁去、带了哪些工具、什么时候回来，都要说清楚。这样万一出事的话，他们可以及时寻求救援。
- 另外一种非常有必要但却常常遭到忽视的生存工具就是两个轻便的大型垃圾袋。它们可以打包到非常小，但用途十分广泛。它们可以用来装水，然后将水运到栖身的地方；也可以在袋子上戳一个洞，将袋子套在身上，头

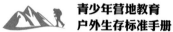

伸出洞口，在寒冷时用来御寒；还可以把两个袋子套在一起，在旁边的缝隙里塞满树叶等，就变成了一个自制睡袋。最好是橙色的垃圾袋，必要时还能用来发送信号。

- 不要过于依赖现代科技如手机、GPS 导航、无线电来救命。如果可以的话，带一个就好。不过要注意这些不是万能的，永远要记得有后备计划。
- 不到万不得已，尽量避免破坏自己的衣服，否则在夜幕降临时，很可能就会受冻。
- 就算情况很危急，也不建议喝自己的尿。
- 如果要加热石头，确保石块是干燥的（或远离水源）。因为如果里面有水分的话，在火中有可能会变成水蒸气而产生爆炸。
- 如果遇到了蛇，别去管它。蛇只有在饥饿或受到威胁时才会咬人。对于大多数蛇而言，人类体积都太大了，不适合成为它们的腹中之物，它们也不会把人类当成食物来看待。只要静止不动，蛇就会自己走开。如果攻击它，它自然会反击。如果它朝你的方向爬来，不要动就行，只要不跳来跳去，它甚至不会注意到你。
- 如果成功杀死了一条蛇，倒是可以享用这美味。由于不知道它有没有毒，所以最好的做法就是把头切除，再切掉尾部相同的长度，这样就能解除毒性了。
- 千万不要只在河边行动，因为水分会吸走身体的热量，继而引发低温症。
- 生火时，一定控制好火势。确保火源附近没有易燃物品，并用石块、沙子等将火堆隔离起来。灭火时用足够量的水，确保一点小火花都没有，要到能够用手触碰到燃料而不被烫伤的地步。
- 如果在冬季的时候被困丛林，一定要在雪充分融化并加热之后才能吃。直接吃雪会降低身体温度，引发低温症甚至死亡。加热雪的方法是将它装在水瓶里，将水瓶包在外套和衣服中间。

第三节　雪地营地生存

极低的能见度，惊人的降雪量，突然降临的暴风雪让人难以防备。积雪导致交通瘫痪，堆积在屋顶的积雪成为严重威胁……

一般人在受困时急欲逃脱的心态反而更危险。当遭遇暴风雪围困时，如何才能保全性命？

122　暴风雪中生存的指导原则

遭遇暴风雪围困经常会有致命危险。大部分遇难者主要是由于走错方向，体力不支，加之精神恐慌，致使最终反应麻木、放弃生存的努力而致不幸。遭遇暴风雪生存自救最重要的是把握以下几点。

1. 保存体力，不要盲动

如果被围困在车中，待在车中最安全，贸然离开车辆寻求帮助十分危险。开动发动机提供热量，注意开窗透气。燃料耗尽后，尽可能裹紧所有能够防寒的东西，并在车内不停地活动。如果孤身于茫茫雪原或山野，露天受冻、过度活动会使体能迅速消耗。此时应减去身上一切不必要的负重，在合适的地域挖个雪洞藏身。只要物质充分，这种方式完全可以坚持几天时间。

2. 调整心态，适时休息

遭遇暴风雪由于恐惧、孤独、疲劳，易造成生理、心理素质下降。此时，保持稳定的心态、正确判断方位和决定路线极为重要。疲劳时要适时休息，走到筋疲力尽时才休息十分危险，许多人一睡过去就再也没有醒来。正确的方法是走一段，停下来休息一会儿，调整呼吸。休息时，手、脚要保持活动并按摩脸部。

3. 相互激励，保持"兴奋"

思维迟钝产生头脑麻木十分危险，暴风雪中必须保持"兴奋"状态。此时团队精神特别重要，同行者相互搀扶、相互激励，才更有希望获救。

在救援行动中，营救人员找到快要冻僵的伤员后，要不断地对他们进行面部抽打，使之一直处于"兴奋"状态，才能成功地带领他们走出风雪绝境。

123 在室外遭遇暴风雪

1. 待在车或帐篷里

雪不断堆积起来，此时如果被堵在路上或营地，最好就待在原地。在暴风雪里乱闯只会增加伤亡率，因为此时能见度基本为零，而且温度和风量也不可预测。这时应躲在车里或帐篷里，等待暴风雪过去。

如果几个人同时被困，不要让其中一个人出去求助。因为那样

在室外遭遇暴风雪，最好躲在车里或帐篷里

第五章　户外营地生存

如果没有车或帐篷，就必须搭建一个雪洞藏身

太危险，通常没有好结果。应该一起等待暴风雪过去，等待营救。

如果被困室外，且没有车或帐篷，那么必须找到其他的屏障，比如一个洞穴或用油布等材料搭建一个庇护所。如果没有以上可能，最起码挖一个雪洞藏身。

2. 保持温暖、干燥

把车窗和帐篷关紧，待在车或帐篷里。把大衣、毯子、油布等裹到身上保暖，防止冻伤。如果几个人在一起，就用彼此的体温互相取暖。

若被困野外，就近搭一个篝火，一来保温，二来当求救信号。

若在车内，可以打开引擎，利用它的热量来保温。不过，如果排气管被雪堵塞，则不能一直开着引擎，因为那会引起一氧化碳中毒，会有生命危险。

3. 保证饮水和食物

被困时，必须保证饮食才可能维持健康。如果没有带水，可以把雪融化，然后喝雪水。可以把雪放在一个容器里，用篝火或引擎产生的热量融化。

177

不能直接吃雪。应该把雪融化，然后喝雪水。

如果带了食物，就把食物分成几份，省着点吃，保证能维持几天。

4. 暴风雪停止后再决定行动

当暴风雪停止、太阳出来后再决定接下来怎么做。可以挖开车子和帐篷边的雪。如果不行，就只能等待救援。

假如在路上，那么肯定会有人来救援。曾经有人被困车中，在路上等了一个星期后也获救了，所以不用急。

假如你在野外，不太可能被发现，那么就需要自己找出路。带上必要的物件，向人多的地方走。

5. 必要时寻求医疗救助

若有人出现低温症的症状，就得换掉他身上湿冷的衣服，用热水温暖他。

在野外被困，应想办法生一堆篝火，一来可以取暖，二来可以发出求救信号

124 被暴风雪困在室内

1. 尽可能待在室内

发生暴风雪时,室外能见度非常低,特别是晚上。积雪可能盖住了熟悉的路标,所以很可能迷路或找不到避身场所。

必须外出时要保证身体温暖、干燥。穿几层合身、轻便、温暖的衣服,不要穿一层厚重的衣服。外衣应该质地细密且防水。大部分热量从头和脚散发,因此要戴帽子和连指手套(连指手套比一般的手套暖和)。

不要浸湿或出太多汗,不然身体会出问题。应该保持皮肤温暖、干燥。

2. 准备备用热源

暴风雪可能会造成停电。没有电,屋内会迅速降温。除了裹几层毯子,还要生起火,或者用发电机发电。

不要在室内点燃烤炉或煤炉,以防一氧化碳中毒。室内用发电机也很危险。

把家人集中到一个房间,关上通往其他房间的门。这样就能聚集热量,比温暖整个房子容易得多。

3. 补充食物和水

要及时补充食物和水,保证身体热量,防止脱水。

4. 铲雪要注意安全

很多平时习惯久坐的人铲雪时会损伤背部或突发心脏病。铲雪是个体力活。不经常锻炼的人应该请邻居帮忙或借清雪机。慢慢铲,中途休息一会,多喝点儿水。

5. 清理屋顶

暴风雪过后需要清理屋顶,

发生暴风雪时尽可能待在室内

最好用耙子。若不清理，积雪会压坏屋顶，特别是坡度小的屋顶。确保空气安全，防止一氧化碳中毒。

6. 确保他人的安全

暴风雪过后，如果你安全了，还要看看邻居（尤其是老年人）是否安全。检查物品是否被损坏，及时修补，以免引发危险。警惕暴风雪余波。暴风雪过后，清理室外走道，清理就近的消防栓和被埋的车。

125 暴风雪来临前做准备

1. 收看当地的天气预报

有些暴风雪来得突然，但通常当地天气预报会提供预警。另外，在暴风雪时可以通过收音机了解暴风雪的强度、动向等紧急资讯。

2. 物资储备

在家里储备足够的药物、食物、水、燃料、卫生纸和尿布等。储备量需至少维持一周。准备好急救箱和多条备用床单和毯子。

多储备一些蜡烛和火柴。停电时，需要用它们来照明。备好电池。使用蜡烛时要小心。

购买自发电收音机、手电筒以及手动充电的装置。有可能的话还要买荧光棒。

储备水。把浴缸洗干净，加满水，这是储水的好办法，冲厕

> **TIPS**
>
> 暴风雪可能造成大面积停电，所以要节省燃料和水。虽然大部分停电只持续几小时或几天，但谁也说不准。
>
> 必要时，搬去应急营地。若家中有老人、小孩或病人，尤其要考虑到他们。不应该固执地守在家里。
>
> 冰雪很重，很可能压断树枝或猛然从屋顶上砸下来，那样会造成很大伤害。在外面行走时，注意避免危险地带。

所也方便。实在没有水，就只能把雪融化成雪水。

3. 关掉水龙头和阀门

防止管道内的水结冰，冻裂水管，造成损失。

4. 备用热源

储备好火炉、壁炉、煤油取暖机。也可以买发电机。必须学会安全使用这些物品，并储备燃料。停电可能会持续很久，所以要节省能源。

在暴风雪来临前做好物资储备

126 雪崩中生存的指导原则

在通过有发生雪崩可能性的危险区域时，应穿保暖的衣物，戴上手套，必要时口鼻也要防护，以备被埋时不至于过快地发生体温过低或吸入雪尘。身上所有器材要系得较松，以便随时抛丢。这不但可以免于被这些物品拖累而被埋得更深，也能够在雪面上留下被冲走的标志物。背包应提在手中,以便随时甩开。摘掉妨碍视觉和听觉的风雪帽,尽早发现雪崩征兆。

在登山过程中,如果该处有新的雪崩,表明有危险性。如常有或小或大的雪球从松雪区自动滚落,往往表示深层的雪已经不稳定。如果滚落很频繁,在雪坡上有这些滚落的划痕,表明危险性大。用向雪坡上投石以探测雪崩危险的方法具有一定的参考价值。如果一个小石头就会引起小量崩落,则人体重量引起雪崩的可能性就更大了。注意在用此方法时,应确认雪崩经路上无其他人员,并且还要在安全区拴好保护绳。同时,要考虑到在同一山坡上各部位间的危险性有时会有很大的差别。

遇到雪崩时,切勿向山下跑,因为冰雪下滚的速度有时可达到200千米/小时,人不是这个庞然大物的对手。此时,应该向山坡两边跑,以避开雪崩,或者跑到地势较高的地方。

如果被雪崩赶上,无法摆脱,应闭口屏气。因为此时气浪的冲击比雪团本身的打击更加危险,冰雪很容易涌入咽喉和肺部引起窒息。雪崩时,大量的雪团都会向下泻,而不会留在山坡。因此,应抓住山坡上树木、岩石之类的稳固物体,等冰雪泻完后,即可脱离危险。如果被雪崩冲下山坡,一定要设法爬到雪堆表面,同时以仰泳或狗爬式泳姿逆流而上,逃向雪流边缘。

如果被雪堆埋住,就要奋力破雪而出,因为冰雪一停,只需要数分钟,碎雪就会结成硬块,手脚就难以活动,加上窒息的威胁,更难以逃生。如果雪堆很大、很结实,无法破雪而出,此时,要冷静,尽量不动,放慢呼吸,节省雪堆内的氧气。同时,要双手抱头,尽量造成最大的呼吸空间。让口中的唾液流出,看流动的方向,确定自己是否倒置,再努力自救。丢掉包裹、雪橇、手杖或者其他累赘,覆盖住口、鼻部分以避免把雪吞下。注意节省力气,当听到有人来时,大声呼叫。

127 携带救生设备可增加获救概率

增加生存概率的设备很多,建议选择以下几种。

(1)雪崩探测仪和接收器。接收器会发射被埋地信号,探测仪能检测到信号所在方位。每个去雪崩多发地区的人都应该携带这两个设备。

(2)小铲子。小铲子可以用来挖雪,提供呼吸空间。

(3)头盔。很多人是因被雪冲击后头着地而丧生的。

(4)滑雪气囊,它能使人尽量停留在雪表面,防止陷到深处。

雪崩探测仪

TIPS 雪崩被埋后的自救技巧

(1)可以在雪下小便,搜救犬可以靠尿液的气味来锁定被困人员。

(2)留意天气预报,向当地人了解情况,弄清哪些地方是雪崩多发地带。

(3)接受生存培训并携带正确的求生设备。

(4)若在偏僻地带被埋,短时间内无人施救,就只能自救。在雪下辨别方向很难,但如果看到光亮,就朝光亮处挖;如果能看到呼出的气息,就朝气体上升的方向挖。

第六章　应急装备

- 第一节　急救包
- 第二节　应急装备
- 第三节　求生刀
- 第四节　背包
- 第五节　睡袋
- 第六节　炊具和炉具

第一节 急救包

户外急救包主要是在遇到受伤、生病、被蛇虫叮咬等一些意外情况下,用于第一时间救援治疗。当意外来临时,往往第一时间的治疗非常关键,甚至关乎生命。因此,户外急救包应该是每个人每次户外出行前都应该充分准备的一件关键装备。

128 选择户外急救包

(1)急救包一般分为大号、小号两种。大号体积20厘米×15厘米×8厘米左右,对于去较为偏僻的地方,这个包基本够用;小号体积15厘米×10厘米×5厘米左右,去一些有比较完善医疗机构的小县城或小城市,带这样的小包就够了。

(2)建议选择红色并印有明显十字标志的包。这样在夜晚光线不是太强的情况下找起来比较方便。户外遇险时也可将包展开作为求救标志。

(3)急救包应该防水,采用高密度防撕耐磨材料制作;内部应该一样采用高密度防撕耐磨材料或结实的塑胶制作。包的缝线应用粗制的尼龙线或其他结实的线缝制。扎边要宽、厚,拉链要宽大结实。要用好的聚氨酯(PU)+尼龙。否则天气一热,聚氨酯就会变软甚至会粘在药品上;而天气一冷,又会变得很脆,容易折断。

129　急救包的配备原则

在户外，不可能像在家里一样，什么药都可以配备。所以，户外用药的购买、使用等方面应遵循以下两条原则。

（1）一定要选择见效快、疗效好、携带方便、可治疗多种疾病、服用方便的药品。避免携带颗粒类药品。在户外很少有条件能用温开水冲颗粒喝，而且颗粒类药品体积偏大、携带不便。

另外，要选择毒副作用小的药品。在野外缺医少药的条件下，我们绝对不希望某种副作用强的药治好了胃疼却又导致腹泻。至于药品价格，不必太过计较。毕竟在荒无人烟的野外，有时小小的急救药品可能是唯一的希望。

（2）建议购买空包，里面的药品根据个人身体实际状况和所要去地方的实际卫生条件自行配置。尽量不要买那种已经配好的急救包，实用性较差。

商家预先配置好的急救包强调了通用性，但不一定适合自己的身体状况和野外的现实条件

130 急救包的配置清单

一般情况下，要自己准备急救包，让急救包更加具有功能性和针对性。急救包内物品的配置，取决于露营和徒步的地点与环境。高海拔旅行，近海环境，登山运动和沙漠旅行所需要的急救包是不同的。要根据其独特性来准备急救包。

以下急救包的配置清单可以根据探险的人数、旅行长短、培训等级以及目的地来添加需要的物资。如果只是短途旅行的话，可以削减一部分药品的数量。

（1）已消毒灭菌的棉签、绷带。推荐用止血绷带，紧急时可以直接包扎伤口；非止血型绷带除了绑东西外没什么用。

（2）三角绷带。可以多带几条，因为有很多功能。

（3）运动胶布。适用于徒步、滑雪、攀岩旅行。可以用来防止水泡的产生，用来包裹水泡，还有包裹脚踝等很多用途。

（4）纱布／敷料。要有不同的型号，而且要有一些非粘连的纱布（用来处理烧伤和擦伤）。

（5）卷筒纱布或自粘胶带。可以让纱布紧贴伤口而不会阻碍循环。自粘胶带比卷筒纱布持续时间更长。

（6）创可贴。可以选择普通的创可贴或有消炎作用的创可贴。

（7）体温计。

（8）红花油。携带方便，有镇痛作用，可有效治疗扭伤挫伤、伤筋动骨等。

（9）薄荷膏。携带方便，多功能，能治多种疾病，如蚊虫叮咬、烫伤烧伤以及皮炎湿疹，在风大的时候还可以防止嘴唇干裂。

止血绷带与三角巾

（10）达维邦软膏。效果不错的外用消炎药，可减少伤口感染。

（11）新康泰克。治疗伤风、发热，疗效好，携带方便。

（12）百服宁。可以退烧、止痛。

（13）藿香正气滴丸。真正的多功能药，治疗中暑、发热、腹泻、胃胀胃痛、肠胃型及热性感冒等。不推荐藿香正气水，携带不便，难喝。

（14）人丹。预防中暑效果不错，价格便宜。

（15）芬必得。止痛药，不建议一痛就吃，这样会掩盖症状，延误治疗。

（16）蛇药。如季德胜蛇药片，可以治毒虫叮咬。

（17）利君沙或严迪，消炎抗菌药。如受到较大外伤，口服可以增强抗菌消炎效果，也可以碾成粉末，直接敷于伤口。

（18）云南白药粉末。止血用，也可以口服治疗内出血。

（19）个人用药，如哮喘吸入剂等。

（20）消毒液。可以给皮肤消毒，给伤口消毒，治疗皮炎湿疹；还可以用来给衣物消毒，睡觉时，在床上撒一些可以消毒驱虫。

（21）酒精。可以涂抹在皮肤上给发烧的病人降温用，或者拿来擦伤口消毒，也可以在户外引火用。缺点是易燃，乘坐公共交通工具时受限制，属于易燃易爆品。

（22）针。用来挑水泡、挑刺、修补衣裤等。用前记住要消毒。

（23）高锰酸钾。用处很多，稀释后可以消毒用；如果吃了有毒的东西，可以稀释后喝一点让自己呕吐；如果被蛇咬了可以在清毒后敷一点在伤口消毒等。药店有高锰酸钾药片出售，保存时一定要密封好，防潮、避光。

（24）蚊不叮，也叫驱蚊水。

（25）已灭菌消毒的医用橡胶手套，防止手上细菌感染伤口。

（26）已消毒的手术刀、镊子、安全剪刀、安全别针（固定衣物或绷带）。这些东西一般医疗器械店都有。

131 急救包的注意事项

（1）急救用品做好完全密封的包装再放入急救箱。尽管急救箱是防水的，但是双重保险对于待救的生命更加有保障。

（2）尽量挑选不会引起强烈过敏反应的药品。比如抗生素与消炎药品不要选择青霉素系，否则可能在病人惊慌或无知的情况发生危险。

（3）急救箱最好选择那些带结实提手或者挂钩的。在一些情况下，需要挂着急救箱进行一些攀爬动作，这样会更加方便。

（4）急救箱内永远要有一只能写字的笔与本子，要时刻注意记录病人的情况，在送交医院的时候对医生有很大帮助。

（5）经常检查急救包内药品的生产日期和保质期，确保急救包内所有药品都在保质期内，防止过期误服造成更大的麻烦。

（6）急救包里的东西不仅在受伤的时候有用，在其他情况下也可以大显身手。比如，创可贴还可以临时修补破损的冲锋衣、雨衣、睡袋、帐篷等；纱布除包扎外，还可以用作过滤水源；弹性绷带可以在关节扭伤时当作临时护膝护踝等，帮助韧带恢复，也可以用作临时紧急止血带来使用。

经常检查急救包，确保急救包内所有药品都在保质期内

第二节 应急装备

户外生存时,贴身装备至关重要。当脱离或丢失了主力装备(诸如帐篷、睡袋、食物、炊具、联络工具等)时,贴身携带的求生装备就能起很大的作用。

132 生火工具

在户外,生火的方法很多。比如,把望远镜的凸透镜卸下,在阳光充足的天气,可以用它轻易地点燃报纸。当然,户外常用的生火工具主要还是火柴或打火机。有专门为户外设计的防风火柴和户外防水火柴。其中,防风火柴在使用时应捏住火柴的木杆部分,以免烧伤手指。户外出行,防风打火机以其结构简单、性能可靠的特点也深受行家们的喜爱。而户外生存经验丰富的人常常选择打火棒。

打火棒是现在最便捷和安全可靠的一种户外取火工具。其主体是一根镁合金棒,本身接触火源时不会燃烧,也不怕潮湿。只要用配套的刮匙或是小刀快速地垂直刮擦其表面,就能刮下一些碎屑。后者会在空气中迅速自燃,成为温度达到近3000摄氏度的火种。大颗粒的碎屑能够直接点燃纸张,让它们落入事先准备好的引火物当中,就可以迅速生起一堆熊熊的篝火。

一般常用的打火棒是钥匙形状的。镁棒被嵌在一个塑料手柄中,并和刮匙穿在一起,可以像项链一样戴在脖子上，携带非常方便。这种制式的"打火石"特别适合户外探险。它具有高度的可靠性，几乎适应任何气候和环境条件。哪怕是在极潮湿的环境下，只要能够找到一堆干木屑或茅草，或者是一团废报纸，就能点起一堆篝火。

户外防水火柴

打火棒

133 望远镜

置身户外，观察野生动植物、寻找水源、判定行动方向等都少不了望远镜。而户外观察用望远镜倍数一般应在7倍以上12倍以下，且最大口径不应小于35毫米，因为小于7倍的望远镜观察距离有限，大于12倍的望远镜在手持观察时晃动太大。比如某款12×45军用望远镜，全铝合金镜身，镜内充氮，有分划线，方便在观察的同时测距。

望远镜

134 户外生存手表

相对于一般的手表，户外生存手表除精确外还应至少做到防水和具有夜光功能。

除满足上述条件外，户外生存手表还具有即时方位测量功能，每隔2小时自动气压测量功能（260 ~ 1100百帕），根据气压变化记忆图了解未来气候变化的功能，-10 ~ 60摄氏度气温测量功能，-700 ~ 10000米高度测量功能，1/100秒表功能等多项功能。

135 水壶

一个普通人，在断粮的情况下可以存活较长时间，而在同时断水的情况下最多只可以存活7天，足见水对于户外生存者的重要性。一个普通人每天至少要消耗2升的饮用水，这也是户外活动准备食用水的基本依据。水壶对于户外生存来说，其意义甚至超过刀具。它使维持生命最重要的物质——水的随身携带成为可能，使人的活动范围可以远离水源地。

水壶的要求是尽量轻便，在同样的负重下携带尽量多的水，

水壶对于户外生存来说是一种重要装备

同时有一定强度,在意外摔落时不易损坏。

著名探险家贝尔·格里尔斯(Bear Grylls)在探险时经常携带的是一个黑色塑料水壶。壶体采用不易破裂和变形的高分子材料,既足够轻巧,容量又可以做得较大。缺点是本身不耐高温,需要远离火源。另外,这个水壶下方还套有一个 0.75 升的铝质饭盒兼水杯,一侧带有折叠把手。可别小看这个铝杯。在户外需要一杯热水或烹煮食物时,它就可以大显身手。贝尔的水壶还有一个特殊之处,那就是它的背绳是一根结实的伞绳,在不增加额外负重的情况下,这根绳子在需要的时候还可以派作许多其他用途。

136 对讲机

对讲机在户外活动中的作用是毋庸置疑的。有一台对讲机在大山中就有更多的安全保障。

对讲机分为专业机和民用机两大类。专业机是指发射功率大于 4 瓦的机器。这类对讲机的实际通话距离一般在 7 千米左右,主要满足对通话距离要求较远的应用。民用对讲机是指发射功率不大于 0.5 瓦的机器,实际通话距离一般在 1.5 千米左右,主要满足对通话距离要求不严的应用。

还有一类对讲机介于专业机和民用机之间,其发射功率为 2~3 瓦左右,实际通话距离大约在 4 千米。在户外活动中,最好的选择就是 2 瓦的对讲机。

一般来说,5 个人左右的小团队使用 0.5 瓦的对讲机就够了;如果是 10 个以上的大团队,或者是由多个小组组成的团队,就可以同时使用 2 瓦的对讲机和 0.5 瓦的对讲机,这样既方便又省电。

对讲机

137 伞绳

伞绳是一种重要户外生存工具，原来是降落伞上的操纵线，后来在各国军事部队作为标准实用绳索使用。伞绳是一种轻量化的人工绳索，通常由32股尼龙绳编织成。每股尼龙绳包含一定数量的细线，这些细线可以单独使用。

伞绳具有牢固、体积小、易于携带等特点，用途非常广泛，是所有户外生存专家的十大必需品之一。以美国"海豹"突击队为例，在热带或亚热带丛林地形执行任务时，如果只能带两种装备，这些特种部队士兵会选择一把匕首和一根几十米长的伞绳，由此可见伞绳在户外生存中的重要作用。

伞绳在户外生存活动中的主要用途如下：
- 是制作简易担架的基本材料之一；
- 利用绳结编织来保护装备；
- 经过编织形成扁绳可作为止血带；
- 捆绑动物；
- 紧急时可用伞绳充当鞋带；
- 单条伞绳编织便可作为装备的背带；
- 并列五条以上经过编织就能作为基本的垂降绳或保护绳；
- 伞绳内部的细线抽出后可作为弓的弹性线；
- 伞绳内部的细线抽出后可制作中小型动物陷阱；
- 伞绳内部的细线抽出后可用作钓鱼线；
- 伞绳内部的细线抽出后可作为缝纫线或帐篷修补材料；
- 伞绳用火烧融后的尼龙流体可作为强力的黏结剂。

伞绳

138 求生哨

别小看一只普通的哨子。在荒山野岭，遇险者如果采取喊"救命"的方式来引起救援人员注意的话，不到15分钟就会喊得声嘶力竭；而一个小小的塑料哨子，只要还有一口气，就能吹响它。而且，在探查出路、寻找水源时，事先约定好的哨音长短和不同组合，都是户外近距离联络时最方便和最简洁的通信方法。

常见的求生哨有滚珠高音哨和金属低音哨。滚珠高音哨价格便宜，吹起来比较省力，声音较高，适合在没有大型障碍的地方使用；低音哨声音较低，但在密林中有很好的穿透效果。

在紧急情况下使用求生哨不能胡乱吹，要遵循一般通用的哨语。

（1）基本规则：指令内哨音间隔2～3秒，指令间的间隔在30秒以上。比如，重复发送指令需要间隔30秒以上。收到信号后以持续的一个长音回复。

（2）基本语言："●"表示短音（1秒左右），"■"表示长音（3秒以上）。

●●■（两短一长），表示向哨音方向集合。

●■（一短一长），表示出发、加速前进。

●■■（一短两长），表示有人掉队，等待后队。

●●●（三短），表示遇到困难寻求帮助，收到信号者以长音回复，表示将前往支援。

●●●■■■●●●（三短三长三短），国际通用SOS代码。

滚珠高音哨

金属低音哨

139 指南针

很多户外用品店都有不同制式的指南针出售，小到可戴在手表上的充液式简易指南针，大到地质勘探用的水平式指南针。去户外探险，建议使用专用指南针为好。一些户外多功能指南针具有指向、测距、量角、地图比例尺测距等多种功能。去陌生的户外活动，把指南针与相应的地图配合使用时作用最大。另外，在出发前应充分掌握指南针的使用方法。

简易指南针

专用指南针

140 手电筒及荧光棒

手电筒的功用不说大家都知道。户外生存用的电筒要求做到照射距离不小于 50 米，电池使用时间不小于 6 小时，手电筒自身至少达到 20 米深防水。手电筒应配有备用灯泡。手电筒不仅满足上述要求，还可以通过附件把电筒戴在头上，使夜行者的双手解放出来做其他的工作，十分方便。

在户外最好使用以 LED 作为发光源的金属电筒。同时，发光 6 小时以上的荧光棒也可以作为辅助光源在户外使用。

青少年营地教育
户外生存标准手册

手电筒

141 备用食品

在户外活动中遭遇狂风暴雨等恶劣天气或其他意想不到的状况，无法获取食物，或者食物丢失时，就需要备用食品。

出发之前，应根据个人口味和具体行程制订好食品携带计划。这些食品不但要能果腹，还要提供户外活动所必需的热量。备用食品一般要选择高能、轻量、耐久的食物，如饼干、八宝粥、罐头、肉干、果脯、糖、巧克力以及复合维生素等。

压缩干粮是一种军用食品，不仅便携，还非常适合中国人的饮食习惯，是深受人们喜爱的备用食品。压缩干粮由面粉、白砂糖、精炼油、葡萄糖粉、奶粉、精盐、人参皂苷等原料制成，净重250克，可提供5248千焦耳的热量。

压缩干粮

第三节 求生刀

在户外环境中,刀是一笔无价的财富。而一把优秀的求生刀又是所有生存装备中最重要的生存工具之一。在极端求生的环境中,它不仅仅是一只切割工具,更是一只能够帮助求生者完成取柴生火、筑营栖身、狩猎取食、防卫保命的多用途工具。

142 求生刀的重要作用

在所有生存装备中,最重要的非求生刀莫属,其重要性绝对凌驾于其他所有生存装备之上,甚至包括打火棒、镁块这类能够生火取暖、烹煮食物的工具。

在户外,打火棒遗失,还能想办法生火,因为手上有求生刀,仍然能够进行生火的准备工作。最不利的情况下,还可以钻木取火,虽然很麻烦,但不至于绝望。

如果求生刀丢了,将付出更多代价:首先,无法顺利建造庇护所;其次,无法制作捕猎陷阱;最后,无法有效利用自然资源制作有利于生存的工具(如能够用来猎捕大型动物或防身用的长矛)。

没有求生刀,虽然不代表一定无法在户外生存,但是绝对会消耗更多的体力和精力来应对各种挑战,而且还不见得能把事情做好、做对,从而导致生存概率降低。

求生刀是重要的生存装备

143 如何选择求生刀

既然求生刀是如此重要的一种工具，购买时就应该谨慎挑选，尤其应该摒弃一切华而不实的想法与观念。挑选一把实用的求生刀应该注意以下几点。

1. 全龙骨一体式刀身

全龙骨一体结构，是选择一把耐用求生刀的重要指标。所谓的全龙骨一体结构，就是从刀刃至握把由整块钢板整体打造成型，且钢板延伸至握把尾端。握把尾端外露的钢板或钢块可用来敲击。此类结构经常被当成玻璃击破器或锤子使用，在求生时相当方便。

全龙骨一体的求生刀代表着结实的刀身，且因为整把刀是一体成型，强度足够，必要时拿来当成撬棍使用也是没问题的。

2. 直刀比折刀好

折刀肯定不是全龙骨一体式结构，耐用度与直刀相差甚远。虽然折刀较为轻巧方便，但是顶多只能当成备用求生刀。

用折刀来处理一些比较轻松的任务还可以。建议直刀、折刀各准备一把，直刀为主、折刀为辅，可以避免当其中一把遗失时无刀可用的窘境。

全龙骨一体式刀身是对求生刀的基本要求

第六章 应急装备

直刀的刀刃厚度足以用来劈柴，而用折刀来劈柴就勉为其难了。
折刀的优点是方便携带，在求生时只用作辅助工具

3. 要有一定厚度

刀刃厚一点的刀比较耐用，且不易折断，劈砍时的力度也相对较强，比较省力。一般来说，刀刃厚度至少4毫米以上的刀才算合格。

4. 不要迷信兰博刀

很多人会认为电影《第一滴血》中主角兰博（Rambo）手上拿的那种刀是最优秀的求生刀，但那只是为了电影效果特别设计、制作出来的刀具。兰博刀的造型的确很酷，但实际上并不好用，主要是因为太大太重，不好操控，且稍不注意就很容易伤到自己。此外，兰博刀握把中空，并非全龙骨一体结构，不符合户外生存中严苛的耐用标准。

兰博刀用来收藏和展示还不错，但千万别把它当成求生刀的选项之一。

5. 硬度问题

刀刃硬度太低，容易钝化，但容易打磨；刀刃硬度太高，虽较能维持锋利度，但钝化后不好打磨。一般来说，56～59洛氏硬度的刀刃硬度就能满足要求，过高或过低的硬度对使用者来说都会造成不便。

求生包里最好放个小型磨刀石或小型磨刀器，随时保持刀刃锋利，以免用起刀来事倍功半。

6. 防滑、好握

好握的刀把在用起来时得心应手，也能避免操作时手部不适的问题。选择刀时，还应考虑到雨天等潮湿环境下的防滑因素。

由高密度橡胶、胶木或伞绳制作的握把，既好握，雨天时又不滑手。

7. 半齿刃胜过平刃

以求生时需要应对各式各样的任务而言，半齿刃刀的广泛用途要优于平刃刀。半齿刃刀能轻易割断绳索或藤蔓，用平刃刀则要耗费很大一番功夫才能做到，甚至有时还割不断。花最少的力气，做最多的事，这是在求生时要普遍遵循的准则。

8. 尽量选择正规产品

购买正规厂商生产的正品，品质才有保障。在求生时，你绝不会希望看到你的"亲密战友"（求生刀）早一步弃你而去。虽然仿冒品不一定会有明显的瑕疵，但用料不足、品质不良会在使用时带来相当大的隐患。就像一颗不定时的炸弹一样，无法预测何时引爆，并会因此带来什么样的后果。

兰博刀虽然炫酷，但在求生时并不实用

第六章 应急装备

第四节 背包

背包是户外活动中最重要、最基础的装备之一。户外运动中,通常需要携带大量的物品,如帐篷、睡袋、食物、衣物等。这时,专用的背包就可发挥很大作用。

144 背包的种类和用途

根据背包容积的不同,背包一般可分为大、中、小三类。

1. 大型背包

大型背包容积在50升以上,适用于中长距离的旅行和比较专业的探险活动。比如要去西藏这样的地区作长途旅行或登山探险时,无疑应选择容积在50升以上的大型背包。一些中短期旅行如果需要在户外露营时也需要大型背包,因为只有它能装下露营所需的帐篷、睡袋和睡垫。

大型背包根据用途不同又可分为登山包和长途旅行用背包。

大型背包

青少年营地教育户外生存标准手册

登山包一般包体瘦长，以便通过狭窄的地形。包体分为上、下两层，中间用一个带拉链的夹层分开，这样在取放物品时十分方便。背包的侧面和顶部可外绑帐篷和垫子，无形中增大了背包的容积。背包外还有冰镐套，可供捆绑冰镐、雪杖之用。

最值得一提的是这些背包的背部结构：包内有支撑包体的轻质铝合金内架；背部的形状是按人体工程学原理设计的，背带宽而厚，形状采用符合人体生理曲线的 S 形设计，并且还有防止背带向两边侧滑的胸带，使背包者感到十分舒适。而且这类背包全都有一个结实、宽厚而舒适的腰带。背带的高度是可以调节的。使用者可根据自己的身材很方便地将背带调节到适合自己的高度。通常说来，背包的底部位于臀部以上，这样可将背包质量的一半以上转移到腰部，从而大大减轻肩部的负担，减少了因长期负重造成的肩部受损。

长途旅行背包的包体结构和登山包类似，只是包体宽大些，并配有许多侧袋，以便将零碎物

体型瘦长的登山包

登山包背部的形状是按人体工程学原理设计的

件分类放置。长途旅行背包的前脸通常能全部打开，取放物品十分方便。

2. 中型背包

中型背包的容积一般在30～50升。这些背包的用途更加广泛。2～4天的户外旅行，城市之间的旅行及一些远途的非露营的自助旅行，中型背包是再合适不过了。随身带的衣物和一些日常用品都能装得下。中型背包的式样和种类更加多样。有些背包增加了一些侧袋，更加利于分装物品。这些背包的背部结构和大型背包大致相同。

3. 小型背包

小型背包的容积在30升以下。这些背包一般大多在城市中使用，当然，用于1～2天的郊游也非常合适。

4. 特殊用途背包

还有一些特殊用途的背包，如自行车包和背架包。自行车包是专为骑车旅游而设计的，分为前挂包和后挂包。前挂包较小，可挂在自行车的前梁上，放一些随手取用的物品；后挂包容积较大，通常为一对，分别挂在自行车后架的两侧，盛放较大较重的物品。背架包是登山时常用的。背架是用轻质铝合金制成的梯状金属架，用来运输较大型的物品，如箱子等。背架包就是在此基础上设计而成的，即在背包外加上了一个可拆卸的金属架。这类包较适合背重物时使用。

中型背包

战术背包

145 如何装包

如何合理装包也是大有技巧的。如果装得好,不仅可以让物品能全部容纳,在使用时方便取出,还可以减轻背包在身上的压力。背得舒服才能走得愉快。

一般情况下,重的物品置于顶部,让背包的重心高些,如此,背负者在行进过程的腰才能挺直;如果要爬中级难度的山,背包的重心需置低些,让身体能弯曲穿行于林木间;一般的步行,背包装填重心可高些,在贴近背部的位置。

重量较重的器材置于背包上端且靠背部,如炉具、炊具、重的食物、雨具、水瓶等。重心点太低或远离背会使身躯弯身行走,这样走起来就很累了。帐篷可绑在背包顶端。燃料油与水需分开放,避免污染食物与衣物。

次重物品置于背包中心和下方侧带,如备用衣物(必须用塑胶袋密封且用不同的颜色标识袋以便于辨认)、个人器具、头灯、地图、指北针、相机。轻的物品放在下方,如睡袋(必须用防水袋密封)、气垫等。三脚架、水瓶等可放在侧袋。

装包时要遵循"上重下轻"的原则

1. 一般重的物品,如充电器、雨衣、手电筒等。
2. 最重的物品装在背包上端,靠近背部且在肩膀之间,如炉具、炊具、重的食物以及水瓶等。
3. 次重物品置于背包中心和下方侧带,如备用衣物、头灯、相机等。
4. 轻的物品放在下方,如睡袋、气垫等。

146 调整装包

1. 首先松开所有的束带

2. 背上背包，先收紧腰带。腰带的中央部位应该在髋骨的地方，不要太高。腰带位置太高会压迫胃部而不舒服

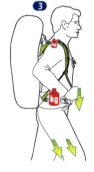

3. 束紧肩带，但不要太紧，因为背包的大部分重量应该放在腰带上

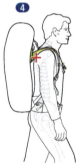

4. 将背包的背负系统长度调整至正确的位置。肩带与背包的连接点应该在锁骨以下

5. 调整肩带到正确的位置，一般来说，肩带沿着肩膀的弧度会比较舒适

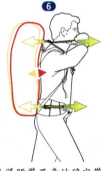

6. 扎紧腰带两旁的稳定带及肩带上的两条稳定带，这样做可让重心更靠近背部并让重心在背部中间。在崎岖的地方行进时，可将束带拉紧，使背包重心更贴身稳定；在平坦的地区，可将束带放松一点，让背后更透气

第五节 睡袋

睡袋是在户外宿营和旅行时必不可少的装备之一。睡袋种类繁多，适合不同的用途，各有特点。根据用途不同，一般把睡袋分为两大类。一类睡袋较薄，用于一般的旅行或露营，这些睡袋大都在春、夏、秋三季使用。还有一类睡袋用于较寒冷的环境，甚至是一些探险活动，这类睡袋一般被称为专业睡袋。

147 睡袋的种类

1. 按照形状分类

按照形状分类，睡袋主要有三种形式：信封型、木乃伊型（也称妈咪型）以及混合型。

（1）信封型睡袋，又叫长方形睡袋。主要是夏季旅行用，拉链贯通一个侧边和底边，这样拉链全拉开后可以打开成一条被子。其优点是比较宽敞，睡着舒服些，但保暖性比木乃伊型睡袋差很多。这类睡袋设计的初衷是为了最大限度地满足人们对于户外宿营舒适性的要求，其结果就是不可避免地导致更多的热量散失。信封型睡袋一般没有专用的头兜。

（2）木乃伊型睡袋。这种睡袋在脚部比较窄，然后向上至

信封型睡袋

第六章 应急装备

木乃伊型睡袋

肩部渐宽，最后在肩部以上带有一个收紧的头兜。拉链一般只占多半个侧边，头部可以包紧，以防止冷风吹入。

木乃伊型睡袋的优点是保暖较好，缺点是天热或住旅馆时打开睡袋当被子盖不方便。睡在木乃伊型睡袋里不能任意翻身，所以身材高大的人用起来不太舒服。考虑到人在睡眠时脚部最易感到寒冷，一些木乃伊型睡袋在下部特别加厚，有些款式还设计有加厚的脚垫。

在同样温度级别下，木乃伊型睡袋的质量和体积与其他睡袋相比是最小的。

（3）混合型睡袋，又叫半长方形睡袋。它比木乃伊型睡袋更宽敞，比信封型睡袋又小，是比较好的折中办法。专业户外产品的厂家绝大多数产品全是木乃伊型睡袋，仅有少数厂家提供混合型睡袋。

混合型睡袋

2. 按照材质分类

按照材质分类，睡袋又可分为羽绒睡袋、合成纤维睡袋和抓绒睡袋。

（1）羽绒睡袋。羽绒的材质又可分为白鹅绒、白鸭绒、灰鸭绒、水鸟绒等。每单位质量的保暖度是最具效果的。羽绒睡袋比较温暖，易挤压，易保持原状，使用期较长，唯一的缺点就是价格昂贵。

（2）合成纤维睡袋。合成纤维的抗湿性较佳，且湿睡袋依然可维持保暖度，快干，低价位，但稍重于同级的羽绒睡袋，不好挤压与装填，会占用较大的背包空间，使用寿命较短。

（3）抓绒睡袋。使用抓绒缝制而成，可以单独作为夏季睡袋或卫生睡袋。也可以配合其他睡袋在冬季使用，以增强保暖效果。一个普通睡袋加一个抓绒睡袋，保暖效果可与专业睡袋相当。

3. 按照用途分类

根据用途不同，可以把睡袋分为两大类。

（1）普通睡袋。这类睡袋较薄，用于一般的旅行或露营，大都在春夏秋三季使用。普通睡袋的价格相对便宜，用途广泛。

（2）专业睡袋。这类睡袋用于较寒冷的环境，甚至是一些探险活动，一般被称为专业睡袋。

专业睡袋在设计和材料上都非常考究，价格也相对较高。但如果冬季露营或是去高海拔地区旅行，缺少了专业睡袋是不行的。

抓绒睡袋

148 睡袋使用与保养

睡袋的使用及保养原则一般是防火、防潮、卫生等。禁止在帐篷内吸烟,并远离篝火;如果睡袋受潮,应及时晾晒干或用远火烘干。睡袋是个人专用品,因此一般不要外借他人使用,以防传染疾病。每次使用后都应及时进行晾晒,以杀菌。在不用时,应处于蓬松状态,不要压缩,并定期晾晒。如果睡袋脏了,最好送干洗店干洗,不要用洗衣机洗。

1. 避风防潮

在户外,一个挡风的帐篷能提供一个温暖的睡眠环境。在选择营地时,不要选择谷底,因为那里是冷空气的聚集地,也要尽量避开承受强风的山脊或山凹。一张好的防潮垫能有效地将睡袋与冰冷潮湿地面分开,充气式效果更佳。在雪地上,需用两张普通防潮垫。

2. 保持睡袋干爽

睡袋吸收的水分并非主要来自外界,而是人体。即使在极寒冷的情况下,人体在睡眠时仍会排出起码一小杯的水分。保温棉在受潮后会黏结而失去弹性,保温能力下降。如睡袋连续使用多天,最好能在太阳下晾晒。经常清洗睡袋可使保温棉保持弹性。

3. 多穿衣服

一些较松软的衣物可兼作加厚睡衣用。将人与睡袋之间的空隙充填满,也可使睡袋的保暖性加强。

4. 睡前热身

人体就是睡袋的热量来源,如临睡前先做一小会儿热身运动或喝一杯热饮,会将体温略为提高并有助于缩短睡袋的变暖时间。

睡袋应该安放在通风的地方,且有防潮垫与地面隔开

第六节 炊具和炉具

炊具在户外野营中有着重要的作用。户外炊具要以轻量为主,表现在整体结构的简约化和材料的超轻化上。而越来越多的高科技原料为户外装备轻量化的发展打下了坚实的基础。钛金属是目前制作户外炊具的首选材料。

149 燃料

户外炉具使用的燃料按化学成分的不同分为三类:液态瓦斯(包括甲烷、乙烷、丙烷、丁烷等);燃油;醇类(乙醇,也就是我们常说的酒精)。一般户外用液态瓦斯和燃油的较多,因为这两种燃料的热值较高。

(1)购买燃料。现在国内普通的户外店都有液态瓦斯罐出售。如果到外地进行户外活动,最好在当地的户外店购买燃料,这样可以避免携带易燃易爆危险品乘坐长途交通工具。

(2)携带燃料。携带这种燃料旅行时,一定要用软的东西把燃料罐相互分隔开,避免因为交通工具的颠簸而造成燃料罐之间的剧烈碰撞。而且装燃料的容器一定要用填充物塞满,不要让罐子之间有碰撞的机会。

液态瓦斯罐

150 炉子的种类

根据燃料的种类，目前常用的炉子通常可以分成三种。

1. 燃料需要加压的炉子（煤油炉、汽化炉）

此类炉子通常附有充气泵可将空气打入燃料瓶中，增加瓶中的压力，进而将燃料送进炉头中。多用途的炉子甚至可以适用多种燃料，如汽油、煤油、去渍油。如果选择汽油当作燃料，最好采用辛烷值低的，无铅汽油更好。

优点：快速炊煮食物；燃料效率高；适用高海拔环境；能够适应各种环境；燃料费用较低。

缺点：价格昂贵；需要时间熟悉操作；需要时间预热炉子；有些炉子在操作时需要小心谨慎；汽油、煤油燃烧时会产生有毒物质。

一体式油炉

2. 燃料不需要加压的炉子（酒精炉）

通常使用甲醇酒精作为燃料。燃烧时，燃料通常呈现液体状态。

酒精炉

优点：容易操作；安全性高；燃料稳定；不容易受风势影响。

缺点：火焰温度比较低，热效率不高；需要较多的燃料，费用较高；火焰呈透明色，不容易辨识；在某些地区不容易找到。

3. 瓦斯炉

目前有很多款式可供选择。选择的时候，确定炉头有密封环可以跟瓦斯罐紧密结合，不会漏气。瓦斯有丙烷、丁烷、异丁烷等类型。一般高山用瓦斯罐多为混合型，可以帮助燃烧稳定而持续，在零下 1 摄氏度依然可以使用。

优点：容易控制火候，安全性高；构造简单，操作容易；燃烧快速有效率；在高海拔环境依然能够使用。

缺点：燃料取得不易；在零下的温度需要预热；必要时检查密封环；强风中容易受到影响。

瓦斯炉

151 炊具

1. 户外炊具的特点

（1）一般户外运动用的锅都比较轻，便于携带和运输，所以户外炊具大多用口径 20～30 厘米的铝锅。

（2）户外炊具大多设计为大锅套小锅的方式，意在尽量节省空间。

（3）结实耐用。不要以为炊具是金属制品就一定耐用。劣质炊具常出现问题，如手柄脱落、铆钉位漏水、锅身变形使锅盖合不上及锅身变凹而增加清洁困难等。

2. 户外炊具的材料

（1）铝是户外炊具中应用最普遍的材料。除了轻便外，价格低廉是另一优点；而铝的导热性也优于其他金属。但铝材料的弱点是强度不足，容易粘底。另外，铝材料容易与食材发生化学反应，产生对身体有害的物质，因此，必须在炊具上涂布防粘涂层或氧化保护层。

（2）不锈钢是另一种优质的炊具用料。它极为耐用，而且抗腐蚀，也不会与食材发生化学反应。

（3）钛合金是户外炊具中之极品材料，质量很轻且极为坚硬。同等大小的炊具，钛合金的质量只有铝的 2/3 左右。钛合金炊具的价格很高。

户外炊具

第七章　应急处理

- 第一节　食物中毒
- 第二节　中暑
- 第三节　溺水
- 第四节　毒蛇咬伤
- 第五节　毒蜂蜇伤
- 第六节　心肺复苏
- 第七节　外部创伤急救

第一节 食物中毒

食物中毒是指在不知情的状况下，食用了不利于人体健康的物品，出现的非传染性的急性、亚急性疾病。

152 食物中毒的分类

1. 细菌性食物中毒

细菌性食物中毒是食物中毒最常见的原因。动物性食品是引起细菌性食物中毒的主要食品。其中，肉类及熟肉制品居首位，其次有变质禽肉、病死畜肉，以及鱼、奶、剩饭等。

俗话说，"病从口入"。我国每年发生的细菌性食物中毒事件占食物中毒案例的30%～90%，中毒人数占所有食物中毒人数的60%～90%。

2. 真菌毒素中毒

真菌在谷物或其他食品中生长繁殖，产生有毒的代谢产物，引发真菌毒素中毒。用一般的烹调方法加热处理不能破坏真菌毒素。

3. 动植物性食物中毒

一些动植物内含有天然毒

细菌性食物中毒

素，或者某些动植物作为食物在储藏过程中产生有毒物质。当人摄入这些食物后，可发生中毒性疾病。

近年来，我国发生的动物性食物中毒主要是河豚中毒。河鲀毒素主要分布在雌鱼卵巢，其次为肝脏。河豚中毒危险很大，病情发展快，并且目前尚无特效解毒剂。

另外还有苦杏仁及木薯中含有的氰苷类物质而引起的中毒。植物性中毒多数无特效疗法。

一只河豚体内所含的毒素，估计足以杀死30个成人

4. 化学性物质中毒

引起食物中毒的化学性物质主要包括污染食品的金属、非金属、有机及无机化合物，如汞、镉、铅、砷、有机磷（农药）、亚硝酸盐（工业盐）等。

毒蘑菇中毒是最常见的植物性食物中毒

颜色鲜艳的鱼类通常是有毒的

化学性药物

153 食物中毒的现场急救

1. 催吐法

（1）喝一大杯浓盐水帮助呕吐。

（2）用新鲜的姜捣成汁，把姜汁倒入温水中，让中毒者把姜汁水一次性喝下。

（3）用调羹或手指刺激舌根部，促使呕吐。

（4）呕吐物为澄清液体时，催吐后可适量饮用牛奶保护胃黏膜。

（5）在呕吐物中发现血丝，应停止催吐，可能出现了消化道或咽部出血。

2. 导泻法

（1）适用于饮食时间超过2小时、精神较好的轻度中毒者。

（2）把中药大黄用水煎好，一次性饮服。

（3）元明粉用开水冲泡后，一次性饮服。

3. 利尿法

中毒不久的人可以马上饮用大量淡盐水，加速毒物排出。

4. 解毒法

（1）对于化学性食物中毒：服用鲜牛奶或其他含蛋白质的饮料解毒。

（2）因吃变质的鱼、虾、蟹等食物而发生中毒时，把少量的食醋稀释在凉水中，一次性服下。

TIPS

由于确定中毒物质对治疗来说至关重要，因此，在发生食物中毒后，要保留导致中毒的食物样本，以提供给医院进行检测。如果身边没有食物样本，也可保留患者的呕吐物和排泄物，以方便医生确诊和救治。

第二节 中暑

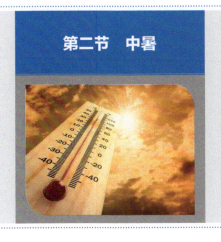

中暑是在高温和热辐射的长时间作用下,导致机体体温调节失衡,水、电解质代谢紊乱及神经系统功能损害,出现以体温极高、脉搏细速、皮肤干热、虚脱及昏迷为特征的一种病症。体虚、有慢性疾病、耐热能力差者,尤易发生中暑。

154 中暑的诊断及分级

高温环境下,人们首先可能出现"先兆中暑",表现为多汗、口渴、无力、头晕、眼花、耳鸣、恶心、心悸、注意力不集中、四肢发麻、动作不协调、小腿抽筋、腹部肌肉痉挛;重则出现恶心、呕吐等。

高温环境下容易中暑

这时,如果及时转移到阴凉通风处,补充水和盐分,短时间内即可恢复。如果上述症状加重,患者的体温升高到 38 摄氏度以上,面色潮红或苍白,大汗,皮肤湿冷,脉搏细弱,心率快,血压下降,有可能是轻度中暑,需要及时处理,并休息几个小时。

1. 中暑先兆

(1)在高温的地方活动较长时间后,出现头昏、头痛、口渴、多汗、全身疲乏、心悸、注意力不集中、动作不协调等症状。

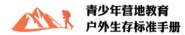

(2)体温正常或略有升高，但还能坚持。

2. 轻症中暑

（1）中暑先兆的症状加重。

（2）出现面色潮红、大量出汗、脉搏细速等表现。

（3）体温升高至38.5摄氏度以上。

3. 重症中暑

重症中暑可分为热射病、热痉挛和热衰竭三型，也可出现混合型。详见下表。

4. 中暑危重指标

（1）持续高热，体温为40～42摄氏度。

（2）昏迷，伴有频繁的抽搐。

（3）严重脱水导致休克。

（4）并发脑水肿、肺水肿、肝肾功能不全；心律失常及心功能不全。

重症中暑的分类及表现

分类	特点	体温变化	现场表现
热射病	突然发病，病情凶险，多发于高温、高湿的环境	40摄氏度以上	发病早期大量出汗，继之"无汗" 可伴有皮肤干热及不同程度的意识障碍等
热痉挛	意识清晰，多在高温环境疲劳状态下发生，是虚脱的第一信号	体温一般正常	出现明显的肌痉挛，伴有收缩痛 好发于活动较多的四肢肌肉及腹肌等，尤以腓肠肌为著 常呈对称性，时而发作，时而缓解
热衰竭	病情发展快，多发于高温、强辐射的环境	体温稍高或正常	主要表现为头昏、头痛、多汗、口渴、恶心、呕吐 继而皮肤湿冷、血压下降、心律不齐、轻度脱水
混合型	多种中暑状态交叉进展		

155 中暑的现场急救

1. 搬移
（1）将患者抬到通风、阴凉的地方。
（2）让患者平躺并松解束缚患者呼吸、活动的衣服。
（3）如衣服被汗水湿透，应及时更换衣服。

2. 降温
（1）头部敷冷毛巾。
（2）用50%酒精、白酒、冰水或冷水擦浴头颈部、腋窝、大腿根部，甚至全身。
（3）用扇子或电扇吹风，加速散热。
（4）有条件的也可用降温毯给予降温。
（5）不要降温过快，体温降至跟正常体温一致即可。

3. 补水
（1）患者仍有意识时，可给一些清凉饮料。
（2）适当加入少量盐或小苏打水。
（3）千万不可急于一次性补充大量水分，可以每隔半个小时补充150～300毫升淡盐水。

4. 促醒
（1）病人如失去知觉，可指掐人中、合谷等穴，使其苏醒。
（2）若呼吸停止，应立即实施心肺复苏术。

5. 转送
（1）重症中暑者，必须立即送医院诊治。
（2）搬运患者时，应用担架运送，不可使患者步行。
（3）运送途中应持续降温，保护大脑、心、肺等重要脏器。

中暑的现场急救

156 预防中暑

（1）在户外活动时要避开暴晒时段，并注意基本的防晒措施。

（2）不要怕出汗，出汗有利于排除体内大量热量。

（3）及时补充水分，不要等口渴了才喝水。饮水应少量多次，不宜一次性饮水过量。

（4）炎热天气在户外活动时，尽量随身携带防暑药物，有备无患。

（5）了解自身身体状况，增强身体免疫力，睡眠充足，合理营养饮食，可多吃解暑祛湿的食物，如绿豆汤、凉瓜、西瓜等。

157 防暑药物

（1）人丹：服药时注意，此药含朱砂，不可超量服用，以防汞中毒。

（2）十滴水：用于因中暑而引起的头晕、恶心、腹痛、胃肠不适等症。

（3）藿香正气水/丸：用于暑热挟湿造成的轻度中暑以及中暑引起的胃肠不适。

（4）风油精和清凉油：将风油精或清凉油搽在太阳穴等处，可以起到缓解轻度中暑症状的作用。

（5）六一散：主治暑湿症、身热烦渴、小便不利等症。

常见的防暑药物

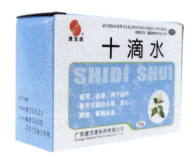

第三节 溺水

溺水是由于人被水淹溺之后,呼吸道被水、污泥、杂草等物堵塞,或喉头、气管发生反射性痉挛引起窒息。溺水者多神志不清,呼吸停止,心跳微弱或已停止搏动,四肢冰冷,口角鼻腔内充满泡沫状液体,胃部胀满,周身发绀。

158 不会游泳的人溺水自救

其实,不会游泳的人在水里最大的威胁是惊慌失措,所以不会游泳的人最好还是去学游泳,不一定要学多好,最起码得克服对水的恐惧。在没学会游泳之前应尽量离水远点。

不会游泳的人一旦落水,求生的基本原则:保持体力,消耗最少体力在水中维持最长时间,利用身上或旁边任何可增加浮力的物体,使身体漂在水上等待救援。

(1)克服恐惧心理。不要害怕沉入水中,溺水后不要试图通过挣扎使自己浮出水面,那样只能适得其反。此时最重要的是屏住呼吸,放松全身,去除身上的重物。因水有浮力,身体沉到一定程度,没有负重的人体就会向上浮起。

(2)上浮时,双臂要像鸟飞一样顺势向下划水,向下划要快,抬上臂要慢。同时采取头向后仰、口向上的姿势,先将口鼻露出水面,并立即呼吸。呼吸要浅,吸气宜深,尽可能使身体浮出水面,以等待他人救援。

(3)如果在水深2～3米的水域溺水,落水者可在触底时用脚蹬地,加速上浮,浮出水面立即呼救。

(4)有人施救时,千万不要死死抓住对方,特别是手脚一起抱着别人,这样很可能会使救援失败。应该放松身体,继续保持漂浮,施救者会拖住你游。

落水后千万不要胡乱挣扎

159 水母漂

对于不会游泳的溺水者来说,水母漂是基本的有效自救方式。

深吸气之后,脸向下埋于水中,双脚与双手自然伸直,与水面略成垂直角度,像水母一样漂浮在水面。想换气时,双手向下压水,双脚向后踩水,利用反作用力抬头后赶紧吸气,然后再成漂浮状态。这种姿势可以在水中持续很长时间。

练习水母漂时,身体应尽量放松,使身体表面与水的接触面加大,以增加浮力;同时,睁开双眼以消除恐惧。另外,头在水中时,应自然缓慢吐气,不可故意憋气,以节省体力。

不会游泳的人应先掌握这个姿势,以延长水中生存时间,为救援创造有利条件。

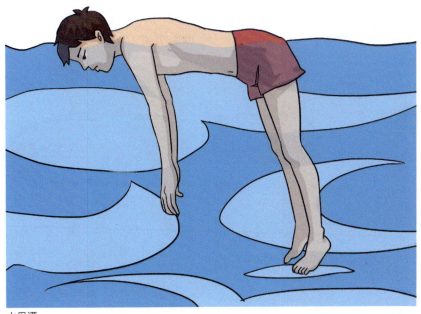

水母漂

160 会游泳者溺水自救

(1) 如因小腿抽筋而致溺水，应平心静气，及时呼唤援救。

(2) 自己将身体抱成一团，浮上水面。

(3) 深呼吸后屏气，脸浸入水中，将痉挛（抽筋）下肢的拇指用力向前上方拉，使拇指跷起来，持续用力，直到剧痛消失，抽筋自然也就停止。

(4) 对于其他部位的抽筋要充分按摩和伸展患处，找机会上浮，充分呼吸。

(5) 一个部位发作一次抽筋之后，同一部位可能再次抽筋，所以对疼痛处要充分按摩并慢慢向岸上游去。上岸后，最好再按摩和热敷患处。

(6) 如果手腕肌肉抽筋，自己可将手指上下屈伸，并采取仰面位，以两足游泳。

(7) 如果被水草缠住，首先要保持冷静，深呼吸后屏气钻入水中，用双手慢慢解脱缠绕。切勿胡乱挣扎，否则可能会被缠得更紧。

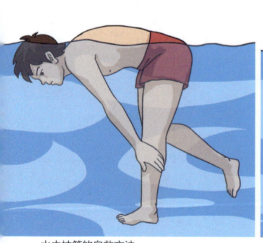

水中抽筋的自救方法

161 岸上救助溺水者

在陌生水域发现溺水者，应首选岸上施救。

（1）在溺水者还清醒时，可以把漂浮物或拉扯物抛给溺水者，如救生圈、木板、树枝、竹竿、绳子。

（2）或者将几件衣服连接成一条绳索也可以。

（3）绳子或竹竿的另一端切不可绑在自己腰间或缠绕在手上，以防被溺水者拉入水中。

（4）施救者应处于下游，顺水流方向拉回溺水者。

（5）也可将可漂浮的物体先抛给溺水者，使头部露出水面不影响呼吸，再想其他办法施救。

各种岸上施救的方法

162 水中施救

到水中施救要求有极高的技术和技巧。最好由受过训练、水性好、熟悉水情的两三个人同时下水，千万不要勉强下水救人。

不会游泳的人溺水，因为害怕和强烈的求生欲望，会本能地死死抓住施救者，完全丧失理智与配合的能力。如果独自贸然行动，可能导致两人双双殒命，这样的悲剧很多。

（1）如果确实需要下水施救，必须做好下水前的准备工作。要看救人的环境，如水域的宽阔程度、水流的缓急程度、目标距离远近以及救人工具的准备等。最好能有一条结实且够长的长布条、绳索，或救生圈。

（2）下水后，尽量使头部始终保持在水面以上，始终盯住目标。

（3）小心地接近溺水者。如果溺水者在拼命挣扎，一定不能急于接近，应当在一定距离（10米左右）喊话，说明现在正在施救，让对方尽量放松，等待救援。此时，可将衣物、绳索、木

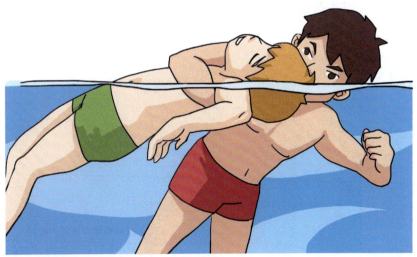

侧身拖带溺水者

杆、漂浮物递给溺水者，进行拖带。

如果溺水者已丧失理智，就只能等对方挣扎竭力后再行施救。

（4）施救时，不能从正面接触溺水者。如对方失去意识，应游至对方背后以手臂挽住胸部拖带其出水面。出水后，用手托其下颌，使嘴鼻离水，侧身拖带，游回岸边。

163 挣脱自救

（1）如救护者施救时被溺水者紧紧抱住，则可利用上臂、腿或下潜方式挣脱。必要时，可以采取不计后果方式挣脱，例如击打对方头部。

（2）如果救护者被溺水者抓住一只脚，那么救护者可把脚伸进水里，用另一只脚蹬其肩膀。

（3）如头颈被溺水者从前面搂住，救护者可深吸气后拨水下沉。同时救护者低头，双手从下面抓住其两上臂靠近肘部处，向上用力推开。

（4）如头颈被溺水者从后面搂住，救护者可拨水下沉，低下头来，脸侧向一边，以保护咽喉，同时双手抓住溺水者肘部向上用力推开。

假如施救者被溺水者纠缠，必须设法脱开，否则非常危险

164 上岸后的急救处理

（1）判断患者的生命体征，根据伤员的情况展开相应处理。

（2）撬开患者口腔，将舌拉出，清除异物，保持呼吸道通畅。

（3）伏膝控水法：抢救者一腿跪地，另一腿屈膝，将溺水者腹部横放在抢救者屈膝的大腿上，使其头足下垂，对溺水者进行控水，时间为1~2分钟。

（4）控水时间不宜过长，否则会影响心搏骤停的抢救成功率，并且过分挤压患者腹部有可能使胃内容物反流，引起更加严重的后果。

（5）呼吸心跳停止者，应立刻进行心肺复苏抢救，并尽快送医院。

（6）在去医院前，对溺水者身体进行保温，促进血液循环。

（7）对严重溺水者头部进行降温，保护脑细胞。清醒者可以喝下热茶水静卧。

如溺水者配合或已昏迷，使用仰泳或者侧泳把伤员带上岸，保证其脸面朝上

上岸后的急救处理

第四节 毒蛇咬伤

世界上已知毒蛇有 500 余种。我国的毒蛇主要分布于长江以南的省份，种类有眼镜蛇、眼镜王蛇、银环蛇、金环蛇、海蛇、五步蛇、竹叶青等。蝮蛇是我国北方常见的毒蛇。

165 毒蛇的种类及中毒表现

在户外运动中难免会遇到蛇类，一般人分不清遇到的蛇到底有没有毒，在外观上看来毒蛇和无毒的蛇几乎是相似的，但其实辨别毒蛇和无毒的蛇是有一些诀窍的。

我国蛇类有 160 多种，其中毒蛇约 50 种。以广东、广西、云南、福建等省毒蛇种类较多，东北、西北地区毒蛇种类虽少，但个别地方数量较多。在约 50 种毒蛇中，有的数量少，有的毒性小，有的分布范围较窄。危害较大的毒蛇有眼镜王蛇、眼镜蛇、金环蛇、银环蛇、蝮蛇、尖吻腹、竹叶青、烙铁头、草原蝰、海蛇等。

一般来说，毒蛇整个身体上的花纹鲜艳，也有极少数无毒蛇体背斑纹的颜色很鲜明，如火赤链蛇的全身有 80 多个明显的红、黑环斑交错于体背及两侧，常被人们误认为毒蛇。

毒蛇的头部一般多呈三角形，但也有少数的毒蛇如银环蛇的头部呈椭圆形。无毒蛇的头部一般呈椭圆形，但也有少数的无毒蛇如颈棱蛇的头部呈三角形。

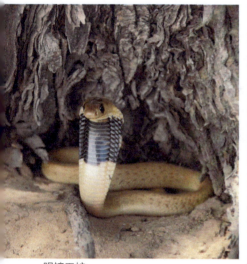
眼镜王蛇

五步蛇

毒蛇的尾部一般粗而短,由肛门向后突然变细,但也有极少数毒蛇的尾部细而长如银环蛇。无毒蛇的尾部一般细而长,由肛门向后慢慢变细,但也有极少数无毒蛇的尾部粗而短如渔游蛇。

毒蛇被惊扰后一般不逃跑或逃跑时爬行的速度不快;盘卷着休息或睡觉时,头部多插到腹面皮肤下面(五步蛇除外);惊动后起身不快,爬行的速度缓慢。无毒蛇发现人后一般会马上逃窜,爬行的速度很快;盘卷起来休息或睡觉时,头部多是架到背上并稍昂起;惊动后迅速起身,爬行的速度极快。

毒蛇咬伤引起中毒是因为蛇毒进入血液。蛇毒是复杂的蛋白质,毒液是无色或略带黄绿色的黏稠液体。根据毒蛇种类、蛇毒成分以及中毒表现的不同,将中毒分为三种类型:神经毒型、血液毒型和混合毒型。

1. 神经毒型

主要表现为神经系统损害症状。常由银环蛇、金环蛇和海蛇咬伤所引起。特点是毒素吸收快,局部症状不明显,伤口不十分痛和红肿,但有麻痹感觉,潜伏期长,易被忽视。一旦

236

出现全身中毒症状，会出现头晕、呼吸困难，严重的全身麻木以及昏迷，最后可能因呼吸麻痹而导致生命危险。

中毒初期表现为伤口红肿、疼痛不明显、牙痕小，可无渗血，局部仅有麻痒感或麻木感。

被咬伤1～3小时后，会出现头晕、视物模糊、眼睑下垂、流涎、声音嘶哑、张口及吞咽困难、四肢无力等。严重者四肢瘫痪、呼吸困难。

2. 血液毒型

主要表现为血液及循环系统的中毒症状。常为竹叶青、烙铁头、尖吻蝮蛇等毒蛇咬伤所致。特点是局部症状重，全身中毒症状明显，发病急。

中毒表现为局部剧痛、伤口迅速肿胀，起水疱或发黑，皮肤淤肿出血，并迅速向近心端蔓延。

全身症状有胸闷、心慌、烦躁不安、发热、皮肤瘀斑，细胞组织坏死和慢性溃烂，同时内脏出血，最后可由于心力衰竭而死亡。

3. 混合毒型

同时兼具以上两种表现。主要由眼镜王蛇、眼镜蛇、蝮蛇等咬伤引起。

中毒者发病急，出现明显的神经系统、血液和循环系统损害的症状。

金环蛇

竹叶青

166 毒蛇咬伤的现场处理

首先判断伤口是否是毒蛇咬的。如果伤口上有两个较大和较深的牙痕，可判断为毒蛇咬伤；若无牙痕，并在20分钟内没有局部疼痛、肿胀、麻木和无力等症状，则不是毒蛇咬伤的，只需对伤口清洗、止血、包扎即可。

一般来说，被毒蛇咬伤10～20分钟后，其症状才会逐渐显现。被毒蛇咬伤后，争取时间是最重要的。

（1）控制蛇毒素扩散。找一根布带或长鞋带在伤口靠近心脏上端5～10厘米处扎紧，缓解毒素扩散。为防止肢体坏死，每隔10分钟左右，放松2～3分钟。

（2）处理伤口。用大量清水、碱性肥皂水或双氧水反复冲洗伤口表面的蛇毒。

（3）负压吸毒。两手用力挤压伤口，或用竹筒或瓶子在牙痕周围拔火罐吸取毒液，或在伤口上覆盖4～5层纱布，用嘴隔纱布用力吸吮（口内不能有伤口），尽量将伤口内的毒液吸出。如果以上措施均无法实施，也可先用打火机烧灼伤口，破坏蛇毒。

（4）立即服用解蛇毒药片，并将解蛇毒药粉涂抹在伤口周围。

（5）尽量减缓伤者的行动，并迅速送附近的医院救治。

（6）如不能确定是哪种毒蛇所伤，尽量能找到毒蛇并打死，一并带到医院。

TIPS

1. 由于被毒蛇咬伤造成的伤害比较严重，所以在现场无论能否判断蛇是否含毒素，都需要尽快用防止毒液扩散的方法做出紧急处理。

2. 伤员要保持心情平静。如果过于紧张会心跳加快，加速血液循环，会使毒蛇伤更严重。

3. 被蛇咬伤后严禁饮酒、喝水、吃食物，以免加快毒素吸收。

4. 注意自身安全，防蛇再伤人。

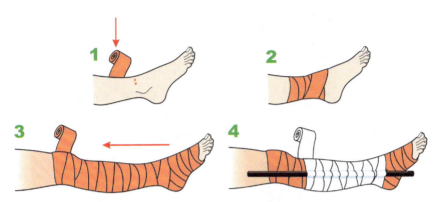

被蛇咬伤后首先要保持冷静。一般情况下的蛇类咬伤都能在医院得到有效治疗。受伤后要限制运动，减少毒液的流动，可按图中的方法包扎后送医

167 预防毒蛇咬伤

大部分蛇类都怕人，受到惊吓后会迅速逃跑，一般不会主动攻击人。大多由于人类没有发现它而过分逼近蛇体，或无意踩到毒蛇身体时，它才咬人。因此，在适于毒蛇活动的环境中活动时，要提高警惕，并做适当的防护，就能减少被蛇咬伤的风险。

（1）在丛林行走时，扎好裤脚（更不能穿短裤），穿好鞋袜（切勿穿凉鞋）。

（2）在植被茂密的地方行走时，手持一棍棒，边走边打草，起到打草惊蛇的作用。

（3）夜行活动时，应持手电筒照明，以驱赶蛇类。

（4）户外露营时，应将附近的乱草、泥洞、石穴清除，以防蛇类躲藏。

（5）关好帐篷门，防止毒蛇进入。如果鞋子是放在帐篷外面，早上起来一定要检查鞋子里面有无藏匿毒蛇。

（6）常备蛇药，以防万一。

（7）遇见毒蛇，应远道绕行。若被蛇追逐时（主要是眼镜王蛇），应向上坡跑，或忽左忽右地转弯跑，切勿直跑或直向下坡跑。

第五节 毒蜂蜇伤

人们在户外或多或少都会碰上一些马蜂、蜜蜂等,此时懂得如何避免被蜂蜇伤,如何减轻蜇伤后带来的危害非常重要。

168 常见蜂种

1. 温驯的蜜蜂

蜜蜂一般不会轻易攻击人,性情比较温驯。只有在食物缺乏、蜂王死亡,或刚被激怒,被人类吓到时,才会成群倾巢而出,发动攻击。

2. 易怒的马蜂

马蜂又名胡蜂,毒性最强。一只马蜂毒性相当于十多只蜜蜂。马蜂的毒液含有神经性和血液性毒素,而且毒液量大。被马蜂蜇伤后,可引起发热、头痛、伤口剧痛,要及时送医院治疗。

马蜂的攻击性很强,并喜欢攻击人的头部,刺到人后毒刺不掉,它也不会死,往往会穷追不舍。

但马蜂也不会无缘无故蜇人,只有在被激怒的时候才会蜇人。

3. 野外的黄蜂

黄蜂喜欢在人类活动较少的屋后、田野、河塘边的树丛中等地方筑巢。黄蜂为保护蜂巢而具有强烈的攻击性,其毒液会使人产生剧烈的疼痛。如果被蜇伤,不仅会损伤身体,有时甚至会危及生命。

第七章 应急处理

蜜蜂

黄蜂

169 被蜂蜇伤的表现

蜂的毒液中含有蚁酸和神经毒素。被蜂蜇伤后，轻者仅局部出现红肿、疼痛，也可有水泡、瘀斑等。如果身体多处被蜂蜇伤，严重者可出现头晕、头痛、发热、恶心、呕吐、烦躁不安等全身症状，甚至可引起溶血或出血。对蜂毒过敏者还可发生过敏性休克，甚至危及生命。

黄蜂尾部的毒针

170 蜂蜇伤的处理方法

（1）除去毒刺。如果蜂的毒刺（毒囊）还在皮肤上，那么首先要把它除去。最好用比较钝圆的工具，例如镊子或指甲刀。注意不要挤压毒囊，否则毒囊刺破后会释放更多的毒液。

（2）局部冰敷。对于蜂蜇伤最好的办法就是冰敷。直接把冰块包起来，在被蜇的部位敷10分钟，疼痛和瘙痒就会大大减轻。如果没有冰块，也可在伤处涂抹牙膏，这是仅次于冰块的疗法。

（3）保持清洁，避免感染。一定要经常用肥皂和水清洁伤口。被蜂蜇一次没什么大不了，除非发生了感染（或者过敏）。通过保持伤口清洁，能在很大程度上降低其恶化的风险。

（4）可以考虑服药，但是不要依赖它们。市面上有很多种治疗蜂蜇的药物，但是没有一种像古老的冰块疗法一样有效。

（5）如果被蜇的人出现了过敏反应，尽快送医治疗。

（6）密切观察半小时左右，如果出现如下症状，那就立刻寻求救援：呼吸困难；喉咙发紧；说话困难；恶心或呕吐；心率或脉搏加快；皮肤严重瘙痒、刺痛、水肿或者变红；焦虑或晕眩；失去意识。

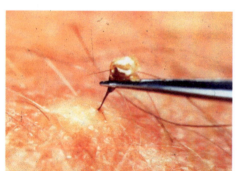 

处理蜂蜇伤时必须先除去毒刺，然后选择冰敷或涂抹牙膏

171 遭遇蜂群袭击如何应对

很多人认为，如果遭到蜂群袭击，跳到池塘或游泳池里就能逃过一劫，但事实与此截然相反。如果这样做的话，追逐的蜂群可能会在上面等着你出来。最好的办法就是跑，而且跑得越快越远越好。

遇到蜂群袭击不能还击，挥手乱打只会招致更多的袭击。另外，千万不要把蜜蜂拍死，因为被拍烂的蜂体会释放出一种化学气味，引来其他蜜蜂的袭击。

跑的时候要跑直线，同时把脸保护好，并且要远离其他人，以免殃及他们。一般来说，逃跑距离超过 500 米后，蜂群最终会放弃攻击。当然，最安全的办法是彻底避免与蜂群遭遇。

（1）要对危险保持警觉。蜂蜇人往往是为了保卫自己，因此要密切留意蜂群。一些极具攻击性的蜂种对方圆 30 米以内的任何威胁都可能发动袭击。

（2）要留意从缝隙中出入的蜂，仔细辨别是否有活跃的蜂群发出的嗡嗡声。

（3）注意那些看起来行动比较怪异的蜂。在发动全面攻击前，蜂类经常会表现出一些初步的防卫行动。比如，蜜蜂也许会飞到人的脸部周围，在头上嗡嗡乱飞。如果有这样的信号，就应该注意了，因为这可能是蜂群在发出警告：你已经进入了它们的领地。

（4）在户外活动的人，最好带一块手帕或者是能遮住整个头部的防蚊网。因为被蜂蜇伤最糟糕的情况是蜇在脸上和眼睛上。

（5）如果当时什么都没有，就赶紧用衣服捂住脸，尽量遮住裸露的皮肤，尽快找门窗紧闭的房屋、帐篷和汽车等地方躲起来。

第六节 心肺复苏

心肺复苏是针对心搏骤停的伤病员应用的，维持伤病员的器官存活和恢复生命活动的一系列的、规范的和有效的急救措施。

172 早期实施心肺复苏的必要性

1. 人体的相关生理常识

人体全身脏器组织时时刻刻都需要氧气的供应，要求肺部和心脏时时刻刻都要保持正常功能，维持正常的气体交换和血液循环活动。

当伤病员因意外伤害使呼吸、心跳停止，就丧失了正常的气体交换和血液循环功能，体内组织短时间内出现缺氧，甚至使器官衰竭。

在众多器官当中，大脑对氧气的要求最苛刻。脑细胞一旦死亡，就不可再生。

2. 实施心肺复苏的紧迫性

目前，在国内，急救车往往很难在4分钟内到达事故现场，抢救生命成功与否很大程度依赖于现场第一目击者。所以，现场第一目击者如果能尽快为伤员进行心肺复苏术，就能降低死亡率。

若4分钟内没有给予伤病员有效的心肺复苏术，部分脑细胞就会出现不可逆死亡，直到大脑缺氧10分钟之后，脑细胞死亡过半，伤员变成"植物人"的概率非常大。因此，对于心搏骤停的患者给予心肺复苏术尽可能在4分钟之内。越早实施,成功率就越大。

心肺复苏的成功率会随着时间延迟而下降,每延迟1分钟,成功率会下降约10%。在黄金时间4分钟内进行心肺复苏,成功率高达60%,而在10分钟后再进行心肺复苏,成功率几乎为0。

173 心肺复苏的两种技术

心肺复苏主要包括两大核心技术:人工呼吸,即肺复苏;心脏按压,即心复苏。

1. 人工呼吸——肺复苏

人工呼吸是当伤病员自主呼吸停止时采用的一种急救方法。通过徒手或器械装置让适量空气有规律地进入伤病员肺内,利用伤病员自身胸廓和肺组织的弹性回缩力使进入肺内的气体呼出,以维持大脑等重要器官的最低需氧量。

2. 心脏按压——心复苏

心脏按压就是通过人工或者辅助装置使心脏受到一定压力,促使心脏收缩;解除压力时,心脏自主舒张,从而推动血液全身流动。

人工呼吸

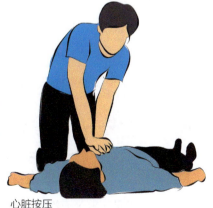

心脏按压

174 人工呼吸

氧气是人体生存的必需物质。人体全身的器官、组织每时每刻都需要氧气的供应。人工呼吸的目的就是把氧气送入肺内，以维护大脑等重要器官的供氧，避免器官因缺氧而衰竭。

空气中的含氧量为20.94%，二氧化碳含量为0.04%；其余大部分气体为氮。人体正常呼吸时，呼出的气体中含氧量下降为16%，二氧化碳含量升高为4%。实施人工呼吸时，操作者用力把肺内的气体送入伤病员的肺内，虽然含氧量比大气中略低，二氧化碳含量相比大气中较高，但足以保证伤病员的最低需氧量。此外，吸入稍高浓度的二氧化碳能使呼吸中枢神经兴奋，有利于促进呼吸的恢复。

人工呼吸的方法很多，但在医院里跟户外的方法是不同的。

在医院内通常是借助工具，例如呼吸气囊、呼吸机等，由专业医护人员操作。

户外现场急救中人工呼吸的方法有口对口（鼻）吹气法、俯卧压背法、仰卧压胸法等。其中，口对口（鼻）吹气法是最方便、有效的方法，可普及推广。

口对口吹气法是最方便、最有效的人工呼吸方法

175 心脏按压

正常的血液循环有赖于心脏有规律的搏动。血液主要起到运输作用，将从肺泡获得的氧气和各种其他营养物质输送到毛细血管进行物质和气体交换；之后，将从毛细血管收集到的代谢产物，例如二氧化碳，运送到肺、肾等器官排出体外。

当心脏停止跳动时，人体内的血液循环便会随之停止。没有了新鲜氧气的供应，全身组织，特别是大脑等重要器官就会因缺血缺氧而衰竭。通过心脏按压，恢复心脏的血液循环功能。

心脏按压分为胸内心脏按压和胸外心脏按压。

胸内心脏按压一般在医院内实施。

胸外心脏按压简称胸外按压，医院内外均使用，是徒手按压伤病员胸廓，使心脏受压而恢复正常跳动。

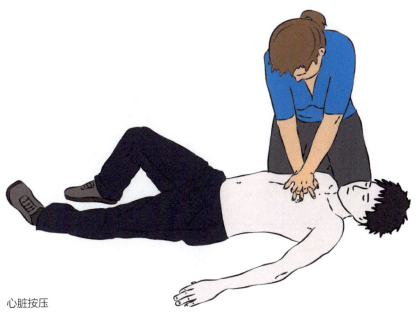

心脏按压

176 如何判断心脏停止跳动

救护人员用双手轻拍伤病员双肩，同时高声呼喊对方名字，如："×××，您怎么啦？有没有事啊？"

如果伤病员对轻拍和呼喊都没有反应，就可判断其意识丧失。观察患者是否完全没有呼吸，或者出现异常呼吸，如不规则呼吸、缓慢、费力呼吸，微弱呼吸，鼾声呼吸，呻吟样呼吸等。

同时，救护人员可以通过触摸伤病员的颈动脉来判断心跳是否存在。颈动脉位于脖子前侧面，即颈前正中滑向气管和胸锁乳突肌之间的凹陷处。

具体操作如下：救护员伸出食指和中指放在男性喉结或者女性的气管中间，往一侧滑行1~2厘米，稍用力就能触摸到颈动脉是否存在搏动。若触摸不到颈动脉搏动，则可以判断心脏停止跳动。所需时间为5~10秒。

通过触摸颈动脉可以判断是否有心跳，时间为5~10秒

177 施救时的正确体位

1. 救护员的体位

就地施救时,要求采用施救体位:救护员将双腿自然分开,与肩同宽,跪在伤病员肩部的附近,救护员的胸部正对伤病员的胸部。

2. 心肺复苏体位(仰卧位)

施救时,要求伤病员仰卧在坚硬的平面上,如地板、硬桌子。

如果伤病员处于不利施救的体位,应该把其摆放成仰卧位。摆放伤病员体位时要注意,不要随意移动伤病员,以免加重伤情。特别是对高空坠落或交通意外的伤病员,如果操作不当,易造成颈椎受损,可能导致伤病员高位截瘫,甚至死亡。

当伤病员是俯卧位时,先将伤病员的双上肢向头部方向伸直。伤病员远离救护员一侧的小腿放在另一侧小腿上,两小腿交叉。救护员以一手托稳伤病员的颈椎和头部,保持其头颈部和身体在同一轴线翻转;另一手扶住远离救护员一侧的腋窝或胯部。将伤病员缓慢地、同轴地(头颈身同轴)翻转过来。再将伤病员的上肢放回身体两侧,双腿自然伸直。

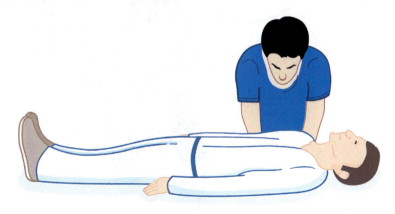

心肺复苏的正确体位

3. 呼吸心跳恢复后的复原体位（侧卧位）

经过抢救后，如伤病员恢复自主呼吸时，为防止呼吸道被舌头后坠或黏液、呕吐物等阻塞导致窒息，应该把伤病员摆成复原体位，即侧卧位。

施救时，救护员应跪在伤病员的一侧，将靠近自身的伤病员肘关节屈曲，角度大于90度，掌心向上，前臂指向伤病员头部方向。

将伤病员另一手肘关节屈曲置于其胸前，手背向上。

把伤病员远离救护员一侧的膝关节弯曲，脚掌贴地。

救护员一只手扶住伤病员远侧的肩部，另一只手一侧扶住伤病员远侧的膝关节，轻轻地将伤病员侧卧向救护员一侧。

将伤病员上方的手垫于面部下，使伤病员头部稍向后仰以开放气道。

把伤病员弯曲的腿置于伸直腿的前方，膝盖靠地。

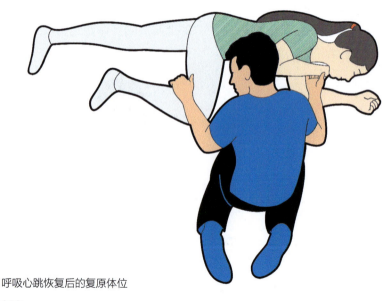

呼吸心跳恢复后的复原体位

178 胸外心脏按压

救护员按压前必须找到正确的按压位置。若定位不准确，可能会导致伤病员的肋骨折断，损伤胸腔内的器官，后果不堪设想。

1. 按压部位

（1）目测法。成人的胸外按压位置是两乳头连线中点，即胸骨的下 1/2 处。

（2）手法定位

① 抢救员一手的食指和中指并拢、伸直，用中指尖沿靠抢救者一侧的肋骨边缘即肋弓下缘，向上滑动至两侧肋弓交点处，即剑突部位，俗称心窝。

② 中指放在心窝，食指放在胸骨上与中指并排。食指上方的胸骨正中部即为按压区。

③ 两指的方向与胸骨长轴垂直，固定不动。

④ 另一手掌根部拇指边缘紧贴第一只手的食指边缘并排平放于按压区。

⑤ 两手的手指方向一致，均垂直于胸骨长轴。

⑥ 再将定位手的掌根部重叠在另一手的手背上，双手掌根重叠，手指及手掌均应离开胸壁，以保证全身的力量集中于胸骨中间。

2. 按压姿势

按压姿势要求三"直"。

（1）手臂直——按压时，手臂要伸直，肘关节不能弯曲。

（2）手指直——紧贴胸壁的手的手指要伸直，并向上翘起。

（3）用力要垂直——救护员的双手要垂直向下用力。

按压时要注意，两手掌重叠，救护员的腕关节、肘关节和肩关节都不能动，要连成一体，以救护员的髋关节为支点即腰部活动，利用上身的重力垂直往下按压（见下页图）。

3. 按压用力方式

（1）用力按压，快速按压，持续按压。

（2）不能冲击式猛压。

（3）下压与放松的时间应相等。

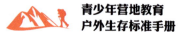

(4)放松时,要使胸壁完全回弹,但手掌跟不能离开胸壁。

(5)用力要垂直向下,不要前后或左右摇摆。

4. 按压深度、频率和次数

(1)成人按压深度至少为5厘米。

(2)按压频率至少为100次/分钟。

(3)每个循环连续按压30次。

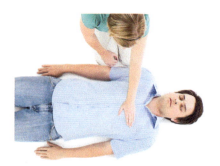

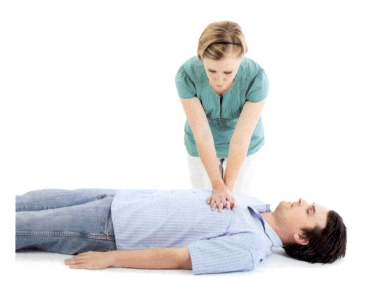

胸外心脏按压

179 清除口腔异物

对于很多溺水者，其口中可能有泥沙、水草等异物，要及时清除；在深坑被掩埋者，更需要尽快把口鼻内的泥沙清除干净。

首先，救护员一手轻压伤病员的头部，另一手拇指轻轻掰其下巴，查看有无异物。

若没有发现异物，就马上操作心肺复苏的其他步骤。

若发现口腔有异物，如在伤病员颈椎没有损伤的情况下，可以轻轻地把头偏向救护员一侧，方便液体的异物流出。

如果异物是固体，救护员将保护好的一手拇指放于伤病员口腔，与其余手指一起轻轻握住伤病者的舌和下颌，使伤病员开口并抬起下颌骨，将舌头从咽后部拉开，将保护好的另一手食指从口腔上方边缘伸进去，将异物推向口腔下方，并向外移出。

检查口腔异物

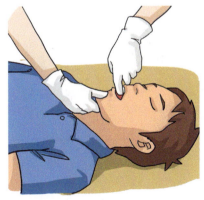

食指清除口腔异物

180 打开气道

伤病员的呼吸心跳停止后，全身肌肉松弛，包括口腔内的舌肌。当伤病员处于仰卧位时，松弛的舌头会往下坠，阻塞呼吸道。打开气道的目的就是防止松弛的舌肌阻塞气道，通畅气道。

1. 仰头提颏法

（1）救护员位于伤病员身体一侧。

（2）一手小指侧掌缘放在伤病员的前额部位，向前下方用力。

（3）另一手的食指与中指并拢置于颏部，即下巴边缘下方，向头顶方向推举，使伤病员头部充分后仰。

（4）要求下颌角与耳垂连线垂直于地面，即让头部后仰保持90度。

2. 双手拉颌法

双手拉颌法是医务人员对怀疑颈椎受损人员所用的打开气道的方法。

（1）救护员位于伤病员头顶端。

（2）双手四指并拢，分别固定在伤病员两侧下颌角处，并向上提起。

（3）若伤病员双唇紧闭，可用拇指把口唇分开。

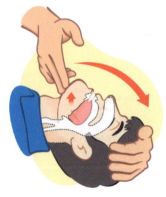

仰头提颏法

双手拉颌法

181 实施人工呼吸

清除伤病员口腔异物并打开气道后,应立即进行人工呼吸,具体操作如下。

(1)用压在伤病员前额一手的拇指与食指紧捏患者双侧鼻翼,以防鼻孔漏气。

(2)救护员吸一口气,尽量张大自己的口,严密包绕伤病员的口唇,缓慢地将气体吹入伤病员肺内。

(3)吹完一口气后,抢救者离开伤病员口唇,并松开两侧鼻翼,使伤病员自主呼气。同时,抢救者转头吸入新鲜空气,接着再吹第二口。

(4)吹气的同时,救护员眼角余光要留意伤病员的胸部有无起伏。有起伏则说明吹气有效。

(5)如无起伏,要查找原因,检查口腔是否还有异物阻塞,气道有无打开等。

如果伤病员的牙关紧闭,可以采用口对鼻吹气。具体操作如下。

一只手掌压住伤病员前额,另一只手托其下颌,使头部充分后仰,并使其口唇完全闭合。用口严密包绕伤病员鼻部,向鼻孔内吹气。

捏紧伤病员双侧鼻翼,以防漏气

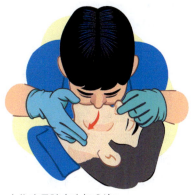

向伤病员肺内吹气2次

实施人工呼吸

> **TIPS**
>
> 　　口对口人工呼吸"12字口诀":头要仰;鼻要捏;嘴要大;缓慢吹。
>
> 　　吹气的量要适中,每次"正常"呼吸,不必深呼吸,以观察到患者胸廓有起伏为标准。吹气量不足,抢救效果不佳;过多,则易损伤肺泡。
>
> 　　吹气的速度要适量,每次吹气持续1秒。吹气太快,可能会把气吹进胃内,造成胃膨胀,导致胃内容物反流,引起气道阻塞。吹气的频率为8~10次/分钟。

182 心肺复苏效果检查

根据《2010年国际心肺复苏指南》推荐的标准：按压与通气的次数比率为30∶2。按此比例至少完成5个循环后，应重新检查伤病员的呼吸和心跳。若恢复自主呼吸，则可停止心肺复苏术，将伤病员置于复原体位。

若仍未恢复自主呼吸，继续以30∶2的比例实施心肺复苏，5个循环后再检查。

1. 心肺复苏有效的表现

（1）面色、口唇、指甲由苍白转变为红润。

心肺复苏应该连续地进行，中途不能随意终止，并随时检查效果

（2）恢复自主呼吸和心跳。

（3）瞳孔由大开始变小。

（4）伤病员眼球能活动，手脚抽动和呻吟等。

在实施心肺复苏的过程中，要留意伤病员的反应，如面色有无转红、有无呻吟等。其中，恢复呼吸和心跳是最重要的表现。

2. 心肺复苏终止的条件

现场的心肺复苏应该连续地进行，中途不能随意终止，但若出现以下情况应停止。

（1）伤病员恢复了呼吸和心跳，必须要停止。

（2）有专业的医护人员到场接替。

（3）专业医护人员证实伤病员已死亡。

（4）现场环境威胁到救护员的生命时，在确保安全的前提下把伤病员转移到安全的地方继续实施心肺复苏。

第七节　外部创伤急救

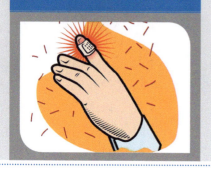

在户外活动时，所有的外伤都是严重的，不仅仅是因为外伤会使身体组织受损或失血，还因为伤口有可能受到感染。造成伤害的物体上可能带有细菌，或者皮肤上、衣服上或者其他物品上的细菌，如果碰到伤口，都有可能引发感染。

对伤口进行正确的处理可以减少伤口感染，加速愈合。

183　伤口消毒

在户外活动时，应随身携带常用消毒药品，以便及时对创伤进行消毒。针对不同伤口，应选用不同的消毒药水。

（1）紫药水。正式名称为甲紫溶液，俗称龙胆紫溶液，消毒效果良好，具有较强的杀菌及收敛作用。但紫药水是一种潜在的致癌剂，不能用在口腔、肛门、尿路等黏膜处或破损的皮肤上。

（2）红药水。汞溴红溶液，俗称红药水，是常用的消毒药水。与碘酒混用会产生有剧毒的碘化汞，加重伤情。

（3）黄药水。消毒防腐剂，常将其2%～3%的水溶液用于外伤消毒，主要杀灭化脓性球菌，对组织无刺激性。

（4）双氧水。适合于伤口较深或者受泥土污染的伤口，可以预防包括破伤风杆菌在内的厌氧菌感染。皮肤用双氧水消毒后，要尽快冲洗干净，否则残留药液会造成皮肤红肿及起泡。皮肤长期接触双氧水会造成刺痛及暂时性变白，冲洗干净2～3小时可恢复。

（5）75%消毒酒精。可用

第七章 应急处理

于包括皮肤消毒、医疗器械消毒、碘酒的脱碘等灭菌消毒。具有刺激性，不可用于黏膜和大创面伤口的消毒。

（6）碘酒。也叫碘酊，是碘和碘化钾的酒精溶液。可治疗多种细菌性、真菌性、病毒性等皮肤病。氧化性较强，不适用于伤口黏膜消毒。

（7）碘伏。具有广谱杀菌作用。可用于皮肤、黏膜的消毒。

伤口受到污染或者有物质残留时，消毒程序如下。

（1）先用生理盐水清洗，也可用饮用水或蒸馏水代替，尽量不用自来水。

（2）然后用双氧水冲洗，尤其是伤口比较长而深的时候。

（3）再次用生理盐水或饮用水、蒸馏水冲洗。

（4）用碘伏消毒。

（5）包扎伤口。

紫药水

红药水

黄药水

双氧水

75%消毒酒精

碘酒

碘伏

184 创伤出血的分类

人体内的血液量大约是体重的7%～8%。如体重60千克，则其血液量约为4200～4800毫升。

擦伤、撞伤、锐器割伤等都可导致伤病员出血。出血过多可危及生命。现场及时有效地止血，可以减缓出血，保持血容量，防止失血性休克，挽救生命。

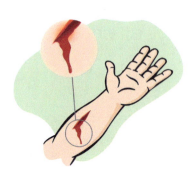

树枝划伤

钝器砸伤

锐器割伤

内部创伤

失血速度和失血量是影响伤员健康和生命的重要因素。失血量较少，不超过总血量的10%，可以通过身体的自我调节，很快恢复；而突然失血量超过20%（约800毫升）会出现脉搏细速，脸色苍白；当失血量超过40%（约1600毫升）时，可能出现昏迷，意识丧失，甚至威胁生命。

根据出血部位不同，创伤出血可分为三类。

1. 皮下出血

（1）多见于因跌、撞、挤、挫伤，造成皮下软组织内出血。

（2）形成血肿、瘀斑。

2. 内出血

（1）是深部组织和内脏损伤，血液流入组织内或体内。

（2）形成脏器血肿或积血。

（3）体表不容易发现。

（4）仅根据全身或局部症状来判断，如面色、脉搏、疼痛等。

（5）在意外事故当中，最易引起内出血的内脏是肝、脾、肾。

3. 外出血

人体受外力作用后，血管破裂，血液从伤口流出体表。

根据血管破裂的类型，创伤出血可分为三类（见下表）。

血管破裂造成的创伤出血

出血类型	出血表现	现场救护
动脉出血	色鲜红，呈喷射状，出血快，量多	需紧急救护，如上止血带或压迫止血
静脉出血	色暗红，呈涌泉状，出血缓慢，量中等	可进行简单的处理，如加压包扎止血
毛细血管出血	血液由鲜红变为暗红，呈水珠状渗出，速度慢，量少	多数可自行凝血

185 指压止血法

指压止血法是指用手指压迫出血血管靠近心脏的一端，压闭血管，起到止血作用。这种方法简单、快速，适用于头部、颈部、四肢部位的止血。指压止血法只能短时间控制血流，所以只能用于现场应急止血，随后应改用其他方法止血。

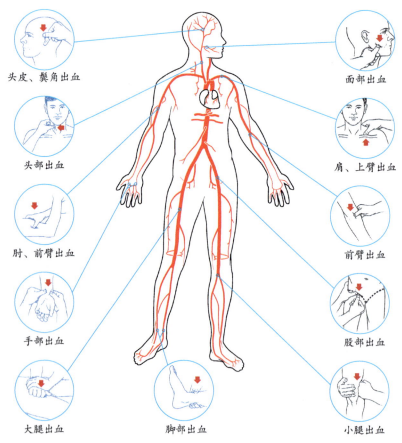

人体表面出血区域对应的压迫点

第七章 应急处理

1. 鼻子出血

（1）按压鼻翼。头微前倾，手指压迫出血一侧鼻翼。压迫10～15分钟。如超过30分钟未止血，需要送医院检查。

（2）冰敷鼻周。用冰块或凉水冷敷额头及鼻周。

鼻子出血时，不能把头仰起，避免大量血液流入气管，引发窒息。

2. 前额或头顶部出血

在受伤一侧的耳前，对准耳屏（耳郭的小突起，俗称小耳朵）前方1厘米处，用拇指压迫颞浅动脉，即太阳穴附近。

3. 头面部出血

指压面动脉，也就是下颌角前方1～2厘米动脉搏动处。颈总动脉压迫点位于颈根部，同侧气管与胸锁乳突肌之间，用于头面部大出血。严禁同时压迫两侧颈动脉，以免造成脑部缺血缺氧。

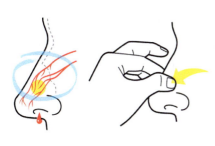

鼻子出血时，用手指捏住鼻翼止血

鼻子出血的处理方法

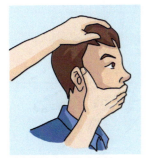

头顶部出血压迫止血法

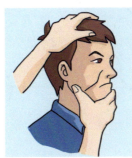

颜面部出血压迫止血法

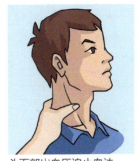

头面部出血压迫止血法

4. 前臂出血

抬高手臂超过心脏位置,用四个手指压迫上臂中部的肱动脉,也就是平常测血压的地方。

5. 手掌出血

用双手的拇指分别按在桡动脉(手腕腕横线近心端的大拇指侧)和尺动脉(手腕腕横线近心端的小手指侧)动脉搏动处,用力压迫到骨头上。

6. 手指出血

用拇指和食指压迫手指两侧的指动脉。

7. 足部出血

先用两手指分别按压在足背中部动脉搏动的胫前动脉和跟骨结节与内踝之间的胫后动脉,减少出血量。然后用消毒纱布覆盖伤口,再用绷带加压包扎,以压住出血的血管达到止血效果。

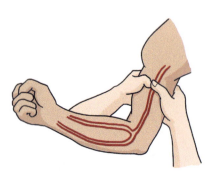

前臂出血按压点

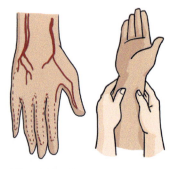

手掌出血按压点

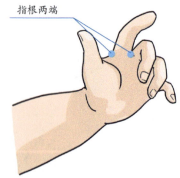

手指出血按压点

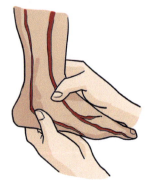

足部出血按压点

186 止血带止血法

止血带是采用天然橡胶或特种橡胶精制而成的医疗器械，一般为长条扁平形，伸缩性很强。止血带适合用于医疗机构在常规治疗及救治中输液、抽血、输血、止血时使用；在肢体出血、野外蛇虫咬伤出血时，可应急止血。

止血带是多国军队的标准急救配置之一。美国海军陆战队队员几乎人手一个，被称为"战时应急止血带"（combat application tourniquet，CAT）。止血带是在压迫法以及其他止血药品都无法有效止血时的最后选择。多数情况下，会使用在动脉创伤、四肢严重创伤等情况下。不过，只有通过专业培训的人员才可以使用止血带。

战时应急止血带

卡扣式止血带

1. 使用范围

四肢大血管损伤，或伤口较大、出血较多，在压迫法以及其他止血药品都无法有效止血时。

2. 操作要点

（1）上止血带位置要正确。

上肢大出血时，止血带位于上臂的上 1/3 处。

下肢大出血时，止血带位于大腿的中上部。

（2）要有衬垫（绷带、毛巾、衣袖等），以防止压伤皮肤。

（3）松紧要适度，以止住血为度。

（4）在明显处标记上止血带的时间。

每隔40～50分钟要松开3～5分钟。

放松期间，可采用指压止血法止血，以减少出血。

3. 橡皮管止血带操作方法

用食指、中指夹持止血带一端；绕肢体两圈，打活结固定。

4. 布条止血带操作方法

只限于无专用止血带的紧急救护时临时使用。严禁使用铁丝、电线、绳索等。

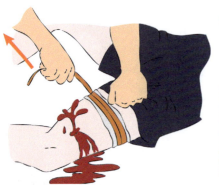

下肢大出血时，止血带位于大腿的中上部

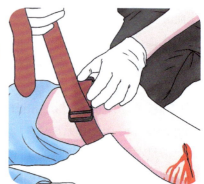

情况紧急时，皮带也可用作止血带

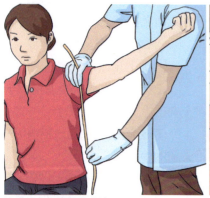

橡皮管止血带操作方法

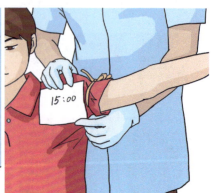

（1）将布料折叠成三四指宽的布条。

（2）在伤肢的正确部位垫好衬垫。

（3）布条两端从上向下拉紧，绕肢体一周。

（4）在肢体下方交叉后提起。

（5）在伤肢的上方打第一个结，结的下面留出约两三指高的空隙。

（6）在结的上面再打一个活结。

（7）取一定长度的棒状物体插在第一个结的下方偏外侧。

（8）转动绞棒绞紧。

（9）棒状物一端插入活结小圈内，拉紧活结，固定绞棒。

（10）两端的布条在绞棒的两端缠绕并打结固定。

（11）在明显处标记上绑止血带的时间。

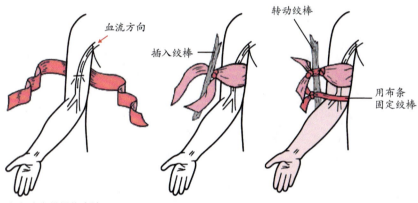

布条止血带操作方法

187 常用的包扎材料

常用的包扎材料有创可贴、尼龙网套、三角巾、绷带及简易器材，如毛巾、头巾、衣服等。

创可贴自黏性很强，透气性也很强。

尼龙网套有较好的弹性，使用方便，头部及肢体都可适用。

绷带为长带形，有不同的规

格可供选择。

三角巾是现场急救中较通用的材料。适合全身各部位的包扎。在户外,可利用衣服、毛巾、床单、窗帘做成三角巾。

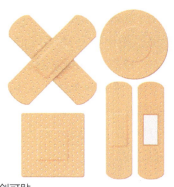

创可贴

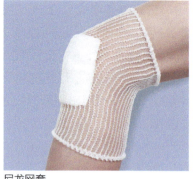

尼龙网套

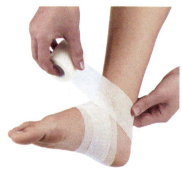

绷带

三角巾

188 创可贴包扎

创可贴适用于人的皮肤受到意外损伤时产生的小伤口,以切割伤为主。创可贴与伤口直接接触的是无纺纱布,主要起两个作用:吸出渗出物,保持伤口干燥;压迫止血。

使用创可贴之前一定要进行消毒清理。首先,要检查伤口里有没有异物，有的话要取出来；其次，检查有没有不干净的东西，比如泥土等，如果有，一定要清洗干净并消毒，然后才可以贴创可贴。

如果伤口有感染、化脓等情况，普通的创可贴是没有消炎功能的，因此贴了也没用，反而因为创可贴不透水、不透气，会加重感染。此时，应该立刻除去创可贴，对伤口消毒，可以暴露伤口至愈合。

一般来说，伤口应满足以下条件才可用创可贴处理。

（1）伤口整齐：犬牙交错的伤口不适合使用创可贴。

（2）伤口清洁：血肉模糊、脏污的不行，有分泌物的不行。

（3）伤口较小：伤口太长的话创可贴覆盖不住。

对以下几种伤口，不适合用创可贴。

（1）伤口里有异物：必须先取出异物。

（2）被铁钉误伤：需打破伤风疫苗，不能用创可贴，以防伤口感染。

（3）被猫狗抓伤、咬伤：需打狂犬疫苗，不能用创可贴，要暴露伤口，防止感染。

（4）烫伤：烫伤造成皮肤破口、流水，都不能使用创可贴，以防止分泌物引流不畅，造成感染。

189 绷带包扎

1. 环形包扎法

是绷带包扎中最基础、最常用的方法。适用于肢体粗细较均匀的伤口或一般小伤口清洁后的包扎。

操作方法如下：一手将绷带固定在敷料上，另一手持绷带卷绕肢体紧密缠绕4～5层。

2. 螺旋包扎法

用于肢体粗细基本相同的部位，如肢体、躯干等处。

操作方法如下。

（1）敷料覆盖伤口，先用环形包扎固定。

(2)之后将绷带按一定间隔向上做螺旋形缠绕肢体。

(3)环绕时压住上一圈的1/2或1/3。

(4)完全覆盖伤口及敷料后,用胶布将带尾固定或打结。

3. 螺旋反折法

用于肢体粗细不等的部位,如小腿、前臂等处。

操作方法如下。

(1)先用绷带做螺旋形包扎。

(2)螺旋至较粗的部位时,每绕一圈在同一部位把绷带反折一次,盖住前圈的1/3～2/3。

(3)由远而近缠绕,直至完全覆盖伤口及敷料,再打结固定。

4. 8字形包扎法

多用于肩、肘、膝、踝等关节部位。

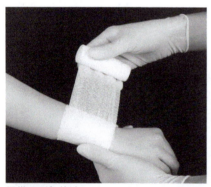

绷带环形包扎法

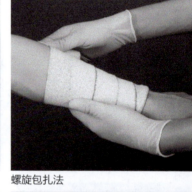

螺旋包扎法

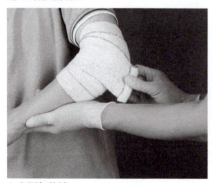

8字形包扎法

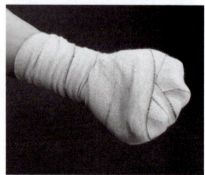

回返式包扎法

具体操作是：将绷带一圈在上，一圈在下，每圈在正面和前一圈相交叉，并压盖前一圈的 1/2。

5. 蛇形包扎
多用在夹板的固定上。
6. 回返式包扎
多用于头和断肢残端的包扎。

> **TIPS**
>
> 操作者要面向伤员，将绷带的外面贴近皮肤，从远端到近端缠绕。包扎时松紧度要适中，以免过度松动导致敷料滑脱，过紧压迫容易导致组织坏死。
>
> 对于肘部关节部位的包扎，要保持肘关节的屈曲，保持90度；膝部的包扎要保持伸直，微曲即可。

190 三角巾包扎头部

1. 头顶帽式包扎

（1）将三角巾的底边向内折叠约两指宽，置于前额眉处，顶角向后覆盖头部。

（2）两底角经耳上方向后拉至枕部下方，左右交叉压住顶角，再绕至前额相遇时打结。

（3）将顶角拉紧，并折入底边内。

2. 头顶风帽式包扎

（1）三角巾顶角和底边中央各打一个结。

（2）将顶角结放在额前，底边结放在后脑勺下方，包住头部。

（3）将底边两端拉紧向外反折，再绕向前包住下颌部，最后绕到枕后底边结的上方打结固定。

3. 面具式包扎

（1）将三角巾顶角打一结，结头放在下颌处，也可放在额顶部。

（2）将底边左右角提起拉向枕后部，交叉压住底边。

（3）再经两耳上方绕到前额打结。包好后，在眼、鼻、口部位分别剪开洞口即可。

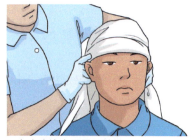
三角巾底边齐眉置于前额

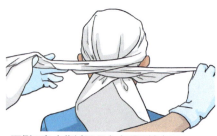
两侧三角巾绕过耳朵上方后两端交叉

绕回前额打结

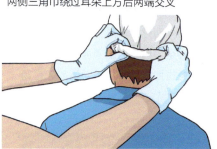
收起顶角

三角巾中部两端打结

呈风帽式包住头部

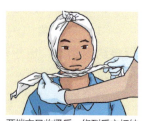
两端交叉收紧后，绕到后方打结

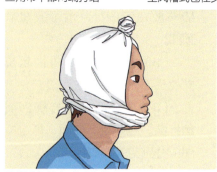
风帽式包扎完成后的效果

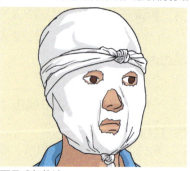
面具式包扎法

191 三角巾包扎眼睛

1. 单眼包扎法

（1）将三角巾折叠成四指宽的带状，斜置于眼部。

（2）从伤侧耳下绕枕后，在耳下反折。

（3）经过健侧耳上拉至前额与另一端交叉反折绕头一周，于伤侧耳上端打结固定。

2. 双眼包扎法

（1）将三角巾折叠成四指宽的带状，中央置于后颈部。

（2）两底角分别经耳下拉向眼部，在鼻梁处左右交叉包紧两眼。

（3）成8字形经两耳上方在枕部交叉后打结固定。

单眼包扎（正面）

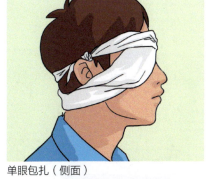

单眼包扎（侧面）

双眼包扎（正面：三角巾折成条带状左右交叉）

双眼包扎（背面：绕过耳朵上方在枕部打结）

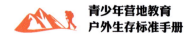

192 三角巾包扎四肢

1. 手（足）部位包扎

（1）三角巾展开，手指或足趾尖指向三角巾的顶角，手掌或足平放在三角巾的中央。

（2）在指缝或足缝间放置敷料。

（3）受伤面向上放好，盖敷料。

（4）将顶角折回后再盖在手（足）上。

（5）两底角在手上方左右交叉，再在腕（踝）部围绕一圈后，在手（足）上避开伤口打结固定。

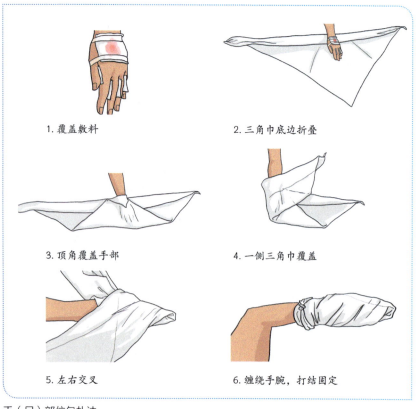

1. 覆盖敷料　　2. 三角巾底边折叠

3. 顶角覆盖手部　　4. 一侧三角巾覆盖

5. 左右交叉　　6. 缠绕手腕，打结固定

手（足）部位包扎法

2. 手臂吊挂

适用于手部大面积烧伤或者伤口较大时。

3. 膝部包扎

（1）将三角巾折叠成适当宽度的带状，内侧留长，外侧留短，覆盖于膝部。

（2）两端向后在腘窝处交叉，返回时分别压住三角巾的上下两边。

（3）包绕肢体一周后，在外侧打结固定。

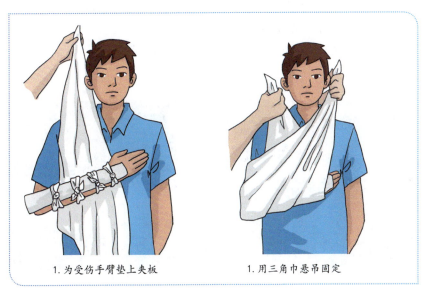

手臂吊挂

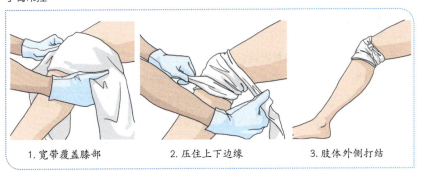

膝部包扎

193 骨折的固定材料

(1) 不同的骨折部位应用不同的固定材料。

颈椎骨折：颈托固定。

四肢骨折：夹板固定。

在户外，可就地取材，用树枝、木棍、竹竿、硬纸板、杂志、衣服、木板等代替。

(2) 覆盖伤口材料和衬垫：如医用纱布、急救敷料，或用衣服、毛巾、手帕等代替。

(3) 固定绑带：如绷带、布条、绳带等。

用树皮做的夹板

用硬纸板充当夹板

> **TIPS**
>
> 1. 暴露在外面的骨折端，不能拉动，不要送回伤口内，不涂抹药物。
>
> 2. 夹板的长度要超过骨折处上下相邻的两个关节。
>
> 3. 四肢骨折时，先固定骨折处上端，再固定下端。绑带不能直接绑在断处。
>
> 4. 在骨折空隙部位、摩擦部位加上衬垫。
>
> 5. 暴露肢体末端，观察血液循环。

194 上臂骨折固定

在户外活动时,重物撞击、挤压、打击及摔倒均有可能导致上臂骨折(即上肢肱骨骨折)。通常会出现肿胀、剧痛、畸形、功能障碍等症状。

现场救护可采用以下方法。

1. 夹板(木板)固定

(1)受伤胳膊的肘部弯曲成90度,用另一只手托住受伤胳膊前臂。

(2)在身体和伤处放置厚衬垫,以防损伤桡神经。

(3)用一块木板固定时,木板应置于上臂外侧;用两块木板固定时,两块木板分别置于上臂内外两侧。

(4)用三角巾或绷带分别固定骨折处上下两端。

(5)露出手指,观察伤肢血液运行。

2. 纸板固定

现场如无夹板,则用杂志、报纸、硬纸板固定。将一叠报纸、杂志或硬纸板调节成超过肘关节和肩关节长度。

3. 躯干固定

用三角巾或宽布带将骨折上臂环绕固定于胸前。

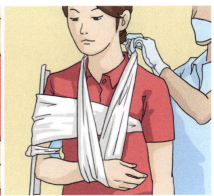

上臂骨折固定

青少年营地教育
户外生存标准手册

195 前臂骨折固定

1. 夹板固定

（1）受伤胳膊的肘部弯曲成90度。

（2）两块夹板置于前臂。

（3）加垫后，用布带固定伤处上下端。

2. 充气夹板固定

将充气夹板套于前臂；用嘴含紧吹气管吹气。

3. 书本、杂志、衣服固定

前臂骨折用木板、杂志固定时，板长应超过腕关节和肘关节，以限制腕、肘关节活动。

前臂骨折夹板固定

196 下肢骨折固定

1. 小腿骨折

出现一般骨折特征,如小腿肿胀、变形、剧痛,骨折端刺破皮肤,出血等。

小腿固定法如下。

(1)加垫后用宽带固定。

(2)先固定骨折上下端,再固定髋部、大腿和踝部。

(3)足踝处用8字结固定。

2. 膝盖骨折

常见于重力摔倒,膝盖着地。膝盖骨折固定法如下。

(1)在膝盖下方加软垫支撑,使其膝盖处于舒适体位(通常为膝部微屈)。

(2)用毛巾等软垫包裹整个膝部,再用绷带打8字结固定,以减少肿胀。

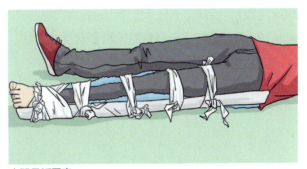

小腿骨折固定

膝盖骨折固定

参考文献

[1] 高云, 周杨. 贴近市民的新兴休闲健身方式——软型户外徒步旅行 [J]. 体育成人教育学刊, 2010, (5).

[2] 胡达道, 彭勇, 阳芸. 大学生群体野外生存生活训练的特点研究 [J]. 南昌高专学报, 2012, (1).

[3] 李伟. 高校体育专业开设野外生存生活训练课程的设置与实践 [J]. 科技创新导报, 2012, (9).

[4] 尹国明. 徒步旅行梅岭之巅 [J]. 大江周刊(生活), 2012, (4).

[5] 张贵余, 韩玉玺. 野外生存疗法救孩子的绝招 [J]. 青少年科学探索, 2003, (12).

[6] 段雅楠. 户外运动安全第一 [J]. 现代职业安全, 2016, (7).